UNA *Travesía de Oración* CON EL APÓSTOL PABLO

MICHAEL GREEN
CON ELSPETH TAYLOR

Vida
DEDICADOS A LA EXCELENCIA

La misión de Editorial Vida es proporcionar los recursos necesarios a fin de alcanzar a las personas para Jesucristo y ayudarlas a crecer en su fe.

Miami, Florida

Publicado en inglés con el título:
A Prayer Journey with the Apostle Paul
por The zondervan Corporation

Traducción: *Adriana Tesore*
Edición: *Madeline Díaz*
Diseño interior: *Eugenia Chinchilla*
Diseño de cubierta: *Grupo Nivel Uno, Inc.*

ISBN: 0-8297-4331-6

Categoría: *Inspiración / Inspiración cristiana / Diario devocional*

Impreso en Estados Unidos de América
Printed in the United States of America

06 07 08 09 ❖ 8 7 6 5 4 3 2 1

Contenido

Cuarta parte: Oración por el campo misionero

Quinta parte: Oración por la iglesia en crecimiento

Prefacio

Comencé a escribir este libro por pura fascinación. Debo confesar que soy un activista, y resulta evidente a partir de las páginas del Nuevo Testamento que el apóstol Pablo también lo fue. El problema que tienen los activistas es que son más propensos a hacer que a orar. Lo sé porque esto es vergonzosamente cierto en mi caso. Sin embargo, en el apóstol Pablo descubro a un hombre que no solo es activo de una manera increíble, que sirvió al Señor en toda la cuenca mediterránea, sino que también es contemplativo y un auténtico modelo de la oración intercesora. Quise explorar cómo él logró combinar estos dos aspectos importantes de su vida espiritual, para beneficio personal y quizás también de otros activistas. Me sorprendió la forma en que este hombre recordó en oración a tantas personas e incluso oró con intensidad por creyentes a los que jamás conoció.

La investigación realizada para este libro ha sido un enorme desafío y una gran bendición para mi vida. Espero que en lo que me queda de vida pueda sacar un mayor provecho del ejemplo de este ferviente líder cristiano, un hombre de oración.

El Dios en quien Pablo creía

En las páginas que siguen analizaremos algunas de

las oraciones del apóstol Pablo escritas en sus cartas. Podemos, por así decirlo, «escuchar» a un hombre en comunión con su Dios. ¿Qué llevó a Pablo a una oración infatigable y plena de confianza? Creo que la respuesta está en el Dios en quien él creía.

Casi todo el mundo cree en algún Dios. Algunos tienen fe en una fuerza misteriosa que puso al mundo en funcionamiento y nada más que eso. Ese no era el Dios a quien Pablo oraba. Muchas personas ven a Dios tan alejado de nosotros que no creen que pueda ocuparse de lo que nos preocupa. Ese no era el Dios a quien Pablo oraba. Hoy en día, un número cada vez mayor de personas identifican a Dios con el mundo natural en el que vivimos, y ven a las montañas y los mares, las flores y las aves, y a nosotros por sobre todo como seres divinos. Ese no era el Dios a quien Pablo oraba.

El Dios de Pablo era mucho más grande y maravilloso que cualquiera de estas interpretaciones de la divinidad. Tanto en sus días de fariseo como en su época de cristiano, Pablo fue un creyente apasionado en el monoteísmo ético y personal:

Monoteísmo: Dios es el único y exclusivo origen de todo en el universo.

Ético: Se ocupa con intensidad de lo bueno y lo malo. Es el soberano moral del mundo.

Personal: Sin lugar a dudas, Dios está más allá de una personalidad; pero es en definitiva personal por ser el Creador de personas como nosotros.

Ese es el Dios en quien Pablo creía y a quien oraba. Él estaba seguro de que este Dios era trascendente —estaba más allá de nuestro mundo limitado por el tiempo y el espacio— pero también era inminente: por estar en cada flor, cada persona y cada puesta de sol. El Dios de Pablo está más allá de nosotros, pero también está a nuestro lado. Es el Dios que tiene el poder para actuar porque es grandioso; es el Dios de pleno conocimiento porque se relaciona de manera íntima con el mundo creado y con las personas que lo habitan.

Podemos revelar un poco más de la creencia de Pablo. Aquí se enumeran ocho aspectos acerca del Dios a quien él oraba que se enuncian con claridad en los escritos del apóstol.

El Dios creador

Pablo está convencido de que Dios es el creador del universo, y de que todos los que no suprimen en forma deliberada ese conocimiento son plenamente conscientes de esto, «lo que se puede conocer acerca de Dios es evidente para ellos, pues él mismo se lo ha revelado. Porque desde la creación del mundo las cualidades invisibles de Dios, es decir, su eterno poder y su naturaleza divina, se perciben claramente a través de lo que él creó, de modo que nadie tiene excusa» (Romanos 1:19-20).

El Dios que se revela

«Desde tu niñez —le escribe a su joven lugarteníente Timoteo— conoces las Sagradas Escrituras, que pueden darte la sabiduría necesaria para la salvación mediante la fe en Cristo Jesús. Toda la Escritura es inspirada por Dios y útil para enseñar, para reprender, para corregir y para instruir en la justicia, a fin de que el siervo de Dios esté enteramente capacitado para toda buena obra» (2 Timoteo 3:15-17). No necesitamos andar a tientas en la oscuridad buscando a Dios. Él nos ha mostrado su mano.

El Dios de Israel

El Dios de Pablo no era un invento reciente. Él es el Dios de Abraham, Isaac y Jacob, el Dios que adoraba el pueblo judío. Pablo jamás reniega de esa convicción. «De ellos son la adopción como hijos, la gloria divina, los pactos, la ley, y el privilegio de adorar a Dios y contar con sus promesas. De ellos son los patriarcas, y de ellos, según la naturaleza humana, nació Cristo, quien es Dios sobre todas las cosas. ¡Alabado sea por siempre!» (Gálatas 3:28-29).

El Dios que vino en Cristo

El Dios al que adora Pablo no es un Dios descuidado y ausente, que hace funcionar el mundo y luego pierde interés en él. A pesar de que, según lo expresa Pablo, los hombres «estimaron que no valía la pena tomar en cuenta el conocimiento de Dios» (Romanos

1:28), Dios vino en persona a buscarnos. Vino como hombre entre los hombres. Su nombre fue Jesús, «quien, siendo por naturaleza Dios, no consideró el ser igual a Dios como algo a qué aferrarse. Por el contrario, se rebajó voluntariamente ... haciéndose semejante a los seres humanos. Y al manifestarse como hombre, se humilló a sí mismo y se hizo obediente hasta la muerte, ¡y muerte de cruz!» (Filipenses 2:6-8). Hasta ese punto Dios se preocupó por nosotros.

El Dios que salva

Dios vino a rescatarnos de la fatal encrucijada en la que nos habíamos metido por culpa de nuestro necio egoísmo. Quedamos bajo la «maldición» de su juicio, y para gran asombro de Pablo, «Cristo nos rescató de la maldición de la ley [que habíamos quebrantado] al hacerse maldición por nosotros» (Gálatas 3:13). Así es, «hay un solo Dios y un solo mediador entre Dios y los hombres, Jesucristo hombre, quien dio su vida como rescate por todos» (1 Timoteo 2:5-6). Pablo pudo acercarse a Dios en oración con confianza plena, sabiendo que fue aceptado por medio de Cristo. «Tenemos paz con Dios por medio de nuestro Señor Jesucristo ... tenemos acceso a esta gracia» (Romanos 5:1-2).

El Dios que habita

Pablo básicamente confía en la oración porque sabe que su Dios no está lejos; no quedó acabado en la cruz sino que está vivo en el corazón de los creyentes. «Y si alguno no tiene el Espíritu de Cristo, no es de Cristo» (Romanos 8:9). El Espíritu es la parte de la divinidad que habita en la vida de los creyentes y los ayuda a orar. «No sabemos qué pedir, pero el Espíritu mismo intercede por nosotros con gemidos que no pueden expresarse con palabras. Y Dios, que examina los corazones, sabe cuál es la intención del Espíritu, porque el Espíritu intercede por los creyentes conforme a la voluntad de Dios» (Romanos 8:26-27).

El Dios que juzga

Pablo está bien consciente de que Dios sigue siendo el juez de su mundo. Él ansía que llegue «el día en que, por medio de Jesucristo, Dios juzgará los secretos de toda persona» (Romanos 2:16). Y aunque el cristiano es aceptado en Cristo y no se perderá, habrá un día del juicio final también para los cristianos: «Porque es necesario que todos comparezcamos ante el tribunal de Cristo» (2 Corintios 5:10). Esto hace que el apóstol sea humilde y serio en cuanto a sus oraciones. Él jamás da por sentada la misericordia de Dios.

El Dios que espera

Al final del camino está el Padre que espera. Él jamás abandonará lo que le resulta precioso. «Por lo demás me espera la corona de justicia que el Señor, el juez justo, me otorgará en aquel día; y no sólo a mí, sino también a todos los que con amor hayan esperado su venida» (2 Timoteo 4:8). Eso trae un gozo inmenso a la vida de Pablo y también confianza en sus oraciones. «Pues estoy convencido de que ni la muerte ni la vida, ni los ángeles ni los demonios, ni lo presente ni lo por venir, ni los poderes, ni lo alto ni lo profundo, ni cosa alguna en toda la creación, podrá apartarnos del amor que Dios nos ha manifestado en Cristo Jesús nuestro Señor» (Romanos 8:38-39).

Si así es el Dios en quien creemos, eso nos da una enorme confianza para orar, ¿no es verdad? Así fue para Pablo.

Deseo concluir este prefacio con una nota de profunda gratitud a Amy Boucher Pye, de Zondervan, quien concibió la idea de este libro, y a Elspeth Taylor, que hizo tanto para darle forma hasta llegar a ser lo que hoy es *Una travesía de oración con el apóstol Pablo*. Espero que esta humilde contribución a la amplia literatura que existe sobre la oración nos anime, en definitiva, a orar.

Michael Green
Oxford, England
Agosto 2003

Primera parte

El ejemplo de la vida de oración de Pablo

El modelo de Dios en Hechos

Día 1: Análisis de una vida de oración

Después de decir esto, Pablo se puso de rodillas … y oró.

Hechos 20:36

¡Qué lugar tan embarazoso para comenzar! ¡Cuán privado e íntimo! No nos gusta revelar nuestra vida de oración ante nadie. De seguro, hablaremos acerca de la oración hasta el día del juicio final, nos uniremos con alegría a la oración pública en la iglesia u oraremos de manera informal en la reunión de oración quizás; pero permitir que nuestra oración privada sea observada por alguien más es algo por completo diferente.

¿Y si descubren cuán desprovisto y vacío me siento por dentro, a pesar de la apariencia exterior optimista y gozosa? ¿Y si descubren que oro muy de vez en cuando y que lo hago de manera superficial y mecánica? No, definitivamente no me gustaría que mi vida personal de oración sea analizada, ni siquiera por un amigo comprensivo y cercano. Sin embargo, la vida de oración de Pablo fue escudriñada de esta manera y el testimonio de su amigo con respecto a ella es incluso más impactante que las referencias que el mismo apóstol hace. Se trata de un testigo directo, alguien que no podía ser engañado por las apariencias, alguien que conocía a Pablo en la intimidad.

Ese amigo era Lucas, el médico; Lucas, el compañero de Pablo en varios de sus viajes; Lucas, el que pasó junto a él por los rigores de la cárcel y el peligro de un naufragio. Ahora bien, Lucas no tenía la intención de hablar de la vida de oración de su amigo en el libro de los Hechos, pero deslizó varias alusiones que nos demuestran que la percibió y se sintió conmovido por ella. Podemos avanzar junto a este amado y fiel amigo, y obtendremos algunas pautas acerca de Pablo y la oración.

Padre celestial, sabes que con demasiada frecuencia fracaso en mi vida íntima de oración. Perdóname por las veces en que te he ignorado. Por favor, enséñame a conversar contigo de manera personal e íntima, que pueda aprender a descansar plenamente en ti y ser guiado por tu mano. Amén.

Día 2: El Saulo que debía ser transformado

> Mientras tanto, Saulo, respirando aún amenazas de muerte contra los discípulos del Señor, se presentó al sumo sacerdote y le pidió cartas de extradición para las sinagogas de Damasco. Tenía la intención de encontrar y llevarse presos a Jerusalén a todos los que pertenecieran al Camino, fueran hombres o mujeres.
>
> Hechos 9:1-2

La oración no es algo que se da en forma natural, ¿no es verdad? Casi todo el mundo ora (incluso los ateos) en momentos de estrés o de peligro. Sin embargo, somos pocos (cristianos incluidos) los que tenemos facilidad y una intimidad en la oración como la que podríamos hallar en la conversación familiar entre padres e hijos. Necesitamos ayuda en esta área por encima de casi toda otra cosa relacionada con nuestra vida espiritual. Y Dios en su generosidad nos la ha provisto. Él nos dejó un modelo de oración. «¡Ah! —puedes decir— el de algunos santos o monjes aislados de las presiones de la vida cotidiana. De alguien que no comprende los desafíos y las luchas que debemos enfrentar». De ninguna manera.

En Saulo de Tarso, el perseguidor que se convirtió en el apóstol Pablo, Dios nos muestra a alguien que puede ayudarnos en gran manera en este asunto de la oración. Tampoco a él le resultó nada fácil. Saulo era un activista (y los activistas son sumamente débiles para la oración relajada y pensativa). Saulo era irascible y crítico, difícilmente un buen terreno para que se desarrolle la buena semilla de la oración. Saulo era un intelectual destacado, con la determinación como para, frente a un problema, tomar decisiones en vez de orar por ello. Y Saulo era un hombre orgulloso: de su nacionalidad, de su religión, de su trasfondo, de su salud, de su rectitud, de su competencia. Para esa clase de personas, la oración es sumamente difícil. Con frecuencia necesitan ser quebrantados primero. Ese fue el caso de Saulo en el camino a Damasco. Como bien sabes, el orgullo dice: «Haré mi voluntad», y la oración dice: «Hágase tu voluntad». Entre ambas afirmaciones hay un mundo.

Dios, en su bondad, eligió a este hombre insólito, tal vez inadecuado, para que fuera un modelo para los cristianos en cuanto a la oración. El intelecto no debiera ser una barrera para la oración. La actividad no debiera ser una barrera para la oración. El temperamento no debiera ser una barrera para la oración. Una vida de viajes no debiera ser una barrera para la oración. Las habilidades organizacionales no debieran ser incompatibles con una profunda vida de oración; a decir verdad, sin ella son desastrosas.

Saulo de Tarso, el enérgico perseguidor, demuestra que cualquiera sea nuestro temperamento, nuestro trabajo, nuestras habilidades o debilidades, Dios puede convertirnos en hombres y mujeres de oración. ¡Cuán agradecido estoy por ello! ¡Hay esperanza para las personas como tú y yo!

Amado Señor, te agradezco porque nos diste a Saulo para mostrarnos que tú puedes transformarnos en personas de oración a pesar de nuestras debilidades. Por favor, ablanda mi corazón para que busque tu voluntad y sea sensible a ella. Amén.

DÍA 3: RENDIRSE A DIOS

> En el viaje sucedió que, al acercarse a Damasco, una luz del cielo relampagueó de repente a su alrededor. Él cayó al suelo y oyó una voz que le decía:
>
> —Saulo, Saulo, ¿por qué me persigues?
>
> —¿Quién eres, Señor? —preguntó.
>
> —Yo soy Jesús, a quien tú persigues —le contestó la voz.
>
> Hechos 9:3-5

Se cuenta una historia del Almirante Nelson que aconteció luego de una de sus victorias sobre la armada francesa. El almirante enemigo se hizo presente en su alcázar y le ofreció la mano a Nelson. «Primero su espada, señor», dijo Nelson. No puede haber camaradería hasta que no haya una rendición explícita. Eso es lo que Pablo hizo al convertirse: se rindió ante Dios. Reconoció que Dios tenía razón y él no. Sus orgullosas rodillas se inclinaron y clamó al Señor pidiendo misericordia. Allí fue cuando la oración fue algo real para él por primera vez.

El mismo Pablo describe más adelante a la oración como el primer fruto de la reconciliación con Dios: «En consecuencia, ya que hemos sido justificados mediante la fe, tenemos paz con Dios por medio de nuestro Señor Jesucristo. También por medio de él, y mediante la fe, tenemos acceso» (Romanos 5:1-2). ¡Eso es: acceso! Las barreras han sido derribadas y tenemos el acceso disponible. Es una encantadora manera de considerar a la oración. Mientras en el pasado hubo una señal de prohibición: «Camino bloqueado», ahora tenemos una señal que nos anima: «Camino despejado».

Necesitamos que esto tan extraordinario nos vuelva a impactar. Nos hemos apartado de Dios, pero gracias a la maravilla de las buenas nuevas, Dios, en la encantadora expresión de Karl Barth, «nos invita a vivir con él».

Misericordioso Dios, sé que estoy lejos de merecer una relación contigo. Te alabo y te agradezco porque me has hallado, me has perdonado e hiciste posible que caminara día tras día junto a ti. Amén.

DÍA 4: EVIDENCIA DE UNA NUEVA VIDA

> Había en Damasco un discípulo llamado Ananías, a quien el Señor llamó en una visión.
>
> —¡Ananías!
>
> —Aquí estoy, Señor.
>
> —Anda, ve a la casa de Judas, en la calle llamada Derecha, y pregunta por un tal Saulo de Tarso. Está orando.
>
> Hechos 9:10-11

Hay una pequeña frase destacada en la historia de la conversión de Pablo. Ananías recibe la indicación de Dios de que vaya a visitar a este aterrador enemigo del movimiento cristiano en ciernes. Él puede ir sin miedo a esa casa en la calle Derecha y preguntar por Saulo, porque él «está orando». Solo eso... ¡pero qué frase tan elocuente! Es sumamente reveladora. Y también asombrosa.

La vida judía estaba inmersa en la oración. Sus padres judíos ortodoxos habrían concebido a Saulo en oración y lo habrían traído a este mundo en oración. Sus recuerdos de la infancia serían de oraciones con su madre, oraciones de los viernes por la noche en su casa, oraciones en la sinagoga el día de reposo, oraciones en el templo en las festividades. Oraban, además, en tres momentos específicos del día. Como fariseo, es seguro que Saulo puso un énfasis especial en la oración, se echó el manto de oración y oró en público en voz bien alta como corresponde a un «elegido» (véase Mateo 6:5).

¡Y sin embargo ni siquiera había comenzado a orar! Solo *pronunciaba oraciones*. ¿Acaso esas oraciones llegaban a Dios? El fariseo del que habla Jesús oraba «consigo mismo» (Lucas 18:11). Fue recién cuando Pablo clamó como lo hizo el recaudador de impuestos: «¡Oh Dios, ten compasión de mí, que soy pecador!», en el camino a Damasco, que llegó a Dios por primera vez en su vida. La oración es comunión con Dios, y nada la dificulta tanto como el egoísmo pecaminoso y el orgullo, cualidades que nos caracterizan. Estas se interponen como una nube entre nosotros y el sol. Recién cuando nos humillamos lo suficiente como para acudir a Dios en busca del perdón, la nube se corre y la luz y el calor de su presencia comienzan a ser algo real en nuestra vida. En otras palabras, la oración es el fruto de ponerse a cuentas con Dios.

La verdadera oración es la primera señal de la nueva vida con Dios. Cuando Pablo esboza la historia de la salvación en Gálatas 4, hace del grito del creyente «Abba, Padre» (v. 6) la evidencia suprema de nuestra condición de hijos. Es la certeza de que pertenecemos a la familia, así como la primera señal de vida en un bebé cuando llega al mundo es gritar o llorar. Los hijos de Dios siempre comenzamos a hablar con él en oración, como demostración de que el Espíritu de su Hijo ha venido a morar en nuestro corazón y comienza a darle vida a nuestro espíritu. Quizás esta sea la señal más importante de la vida espiritual, así como la respiración lo es de la vida física. De cualquier modo, es la única señal que Dios le dio a Ananías acerca del cambio en el corazón de Saulo. Si juzgaran nuestra vida con ese mismo criterio, ¿podríamos mantener la cabeza en alto? Él «está orando». ¿Lo estamos nosotros?

Querido Padre, por favor, libérame de estar centrado en mí mismo para poder ponerme a cuentas contigo en verdadera sumisión. Permíteme conocer la luz y la tibieza de tu presencia. Y enséñame a orar. Amén.

Los medios de dirección

Día 5: Apaciguado por Dios

> Y ha visto en una visión a un hombre llamado Ananías, que entra y pone las manos sobre él para que recobre la vista.
>
> Hechos 9:12

Tenemos más que aprender de aquella seductora aunque breve referencia a Saulo que estaba orando en la casa de la calle Derecha. La misma muestra que la oración no era solo señal de vida, sino también el medio por el que Dios guía. Imagina a este orgulloso, intelectual y ferviente fariseo, tan acostumbrado a mandar a otros y a liderarlos, reducido ahora por primera vez a permanecer inmóvil. Durante tres días, según leemos, estuvo ciego luego de la experiencia del camino a Damasco, y no hubo alimento ni agua que pasara por sus labios. ¡Solo imagina eso! Tres días sin comer es más de lo que cualquiera de nosotros podríamos soportar, pero tres días en completa oscuridad, sin saber si algún día recobraría la vista… debió de haber sido una experiencia aterradora. Y todo eso fue necesario para poner a Saulo en una condición tal que escuchara a Dios y buscara su dirección y su plan divino.

Fue durante esta experiencia tan terrible que Saulo permaneció quieto el tiempo suficiente como para recibir la orientación divina. Esa dirección fue sumamente específica. Se le mostró a Saulo que el alivio estaba cerca. Se le dijo el nombre de la persona que podría traérselo. Y se le reveló el método que se usaría para restaurarle la vista. ¡Asombroso! Y Dios se lo mostró todo mientras él oraba. Jamás podría haberse imaginado aquellas cosas y que se cumplieran tal cual eran. Nunca podría haberlas planificado con sus habilidades organizativas. Dios se lo mostró, una vez que fue llevado al punto de quietud interior y dependencia absoluta.

Recuerdo una pareja que estaba acostumbrada a esperar en Dios en oración. El empleo del esposo cambió y él tuvo que llevar a su familia a otra parte del país. Mientras analizaban la mudanza, la esposa tuvo una visión de la casa en la que vivirían. Fueron a conocer la ciudad en la que él desempeñaría su labor y no pudieron hallar una casa apropiada, y menos una que se pareciera a la imagen que había visto la esposa. Sin embargo, la última mañana que pasaron allí de repente vieron la casa. No tenía un cartel de venta, pero de todas formas golpearon a la puerta. «A decir verdad, hoy la pusimos en venta», dijo el dueño. No obstante, el precio era altísimo. Mis amigos ofrecieron lo que tenían y esperaron. A su debido tiempo, otros potenciales compradores quedaron a mitad del camino, y mis amigos la adquirieron por la cifra que habían ofrecido. Están felizmente instalados allí y la usan para ministrar a otras personas.

Dios les dio una orientación específica en este caso mientras ellos esperaban en él en oración. ¡El Dios que guió a Saulo en forma específica sigue actuando!

Amado Señor, te doy gracias porque cambiaste el rumbo de Pablo para que pudiera escucharte. Por favor, aquieta mi corazón para que pueda oírte y disfrutar de tu guía. Amén.

DÍA 6: RECEPTIVOS A DIOS

> Cuando volví a Jerusalén, mientras oraba en el templo tuve una visión y vi al Señor que me hablaba: «¡Date prisa! Sal inmediatamente de Jerusalén, porque no aceptarán tu testimonio acerca de mí … Vete; yo te enviaré lejos, a los gentiles».
>
> Hechos 22:17-18,21

Hechos nos brinda otros dos claros ejemplos del apóstol siendo guiado mientras oraba. Uno aparece en el propio relato de Pablo acerca de su conversión en el capítulo 22. Pablo está solo en el templo, orando. De nuevo vemos aquí la verdadera naturaleza de la oración: la comunión con Dios. Este es un pasaje instructivo.

Pablo, el gran hombre de acción, es también Pablo, el gran hombre de oración. Su hablar *acerca* de Dios se relaciona con su hablar *con* Dios. En esta ocasión pierde toda noción del tiempo: está cara a cara con el Eterno. Al orar, Dios revela con claridad su voluntad. La advertencia salvó la vida de Pablo. No sabemos si el apóstol preguntaba acerca de su futuro. De todos modos, una actitud humilde y receptiva ante Dios en oración hizo que para el Señor fuera sencillo llegar a él con un mensaje que Pablo necesitaba escuchar. Él estaba dispuesto a obedecer a Dios a cualquier costo. Oró y Dios lo guió.

¿Quisieras contar con esta clase de guía en cuanto a tu futuro, tu trabajo o al lugar donde vayas a vivir? Bien, podemos pensar con reverencia que es tarea de Dios el guiarnos, pero es nuestra obligación buscar su voluntad con una actitud sincera y en obediencia. Él no nos dice *cómo* nos hará conocer su voluntad para nosotros, pero se *compromete* a hacerlo: «Él dirige en la justicia a los humildes, y les enseña su camino» (Salmo 25:9). La oración es la condición, la condición suprema —a decir verdad, la única condición— para la orientación divina.

Eterno Dios, te doy gracias porque respondes a las oraciones de tu pueblo. Por favor, ayúdame a presentarme ante ti cara a cara en oración, listo para escucharte y dispuesto a cumplir tu voluntad. Amén.

DÍA 7: CUANDO NOS RESISTIMOS A LA VOLUNTAD DE DIOS

Guíame, Señor, por tu camino.

Salmo 27:11

Hemos visto cuán importante es la oración para permitir que Dios nos dirija, y esta es una frase de los Salmos que Pablo debió de haber usado muchas veces.

Mientras dudaba entre aceptar o no un empleo en la Universidad Regent, de Vancouver, para el que no había fondos disponibles, me encontré hablando ante unas setenta personas en un hotel. Hablé acerca de la necesidad de que alguien enseñara evangelismo en la universidad, pero me resistía a la idea de que fuera yo. A medida que las personas salían, una de ellas se acercó y me dijo: «Yo le pago el sueldo». Le respondí asombrado que no se trataba de mí, pero que podía dar a conocer su ofrecimiento al decano.

Luego se acercó una dama que dijo: «Ayer, mientras oraba con una amiga, tuve una imagen. Era un gran piano. Sentí que la encantadora música que de él provenía era la música del evangelio. El piano tenía la tapa levantada de manera que ocultaba el rostro de la persona que la interpretaba. Detrás había un ventanal de vidrio. La habitación era enorme, pero no logré identificarla. Luego de esta imagen, mi amiga y yo oramos por usted, entre otras dieciocho personas que presentamos ante Dios aquel día. Al llegar a esta recepción, de inmediato reconocí la habitación. Allí estaba el ventanal de vidrio y también el piano. Usted trató de sentarse en otra mesa, pero el rector lo obligó a acompañarlo a la suya, frente al gran piano. Y cuando se puso de pie para hablar, se rehusó a usar la tarima y habló desde aquel lugar, junto al piano. Creo que usted debe ir a Vancouver y proclamar la armonía del evangelio a través de la evangelización». Bueno, fui... ¡y esto se cumplió!

Aquel fue un ejemplo destacado de cómo Dios dirigió mi futuro por medio de una visión recibida durante la oración. Me resistí durante un año antes de ceder; y qué feliz me siento de haber cedido. La voluntad de Dios es lo mejor que podría habernos sucedido, aunque nos resulte arduo creerlo en determinados momentos de desafío en nuestra vida.

En el Nuevo Testamento existen varios ejemplos de cristianos, incluso Pablo, que fueron guiados por una visión hacia determinado curso de acción que, de otra manera, no habrían elegido. Pensemos en Pablo y en el hombre de Macedonia (Hechos 16:6-10). ¿Dónde estaría Europa si él no hubiera actuado?

Santo Dios y Padre, te alabo porque ansías enseñarme tus caminos así como enseñaste al salmista y al apóstol Pablo. Dedico demasiado tiempo y energía a correr en la dirección opuesta. Ayúdame con tu maravilloso poder a que deje de resistirme a tu voluntad para entregarme al mejor plan posible para mi vida. Amén.

DÍA 8: ORACIÓN Y AYUNO

> En la iglesia de Antioquía eran profetas y maestros Bernabé; Simeón, apodado el Negro; Lucio de Cirene; Manaén, que se había criado con Herodes el tetrarca; y Saulo. Mientras ayunaban y participaban en el culto al Señor, el Espíritu Santo dijo: «Apártenme ahora a Bernabé y a Saulo para el trabajo al que los he llamado». Así que después de ayunar, orar e imponerles las manos, los despidieron.
>
> Hechos 13:1-3

Un tercer ejemplo de la dirección divina en la vida de Pablo por medio de la oración lo encontramos en Hechos 13. La escena cambió en forma rotunda. De la reunión en el templo judío vamos ahora a la reunión de la iglesia gentil. Pablo ya no está solo. Se halla en medio de una de las iglesias más destacadas del mundo antiguo: la iglesia de Antioquía. Esta iglesia, fundada por laicos itinerantes, se convirtió en el trampolín de las misiones mundiales.

Allí existía verdadero compañerismo, no había orgullo por ocupar un puesto: cinco hombres se nombran como parte del liderazgo corporativo de aquella iglesia, y Pablo es mencionado en el último lugar de la lista. No había distinciones sociales: en el grupo se encontraba al menos un hombre de color y un miembro de la élite gobernante.

Todos estaban concentrados en una cosa: la gloria de Dios. Estaban participando «en el culto al Señor». El vocablo griego empleado sugiere algo mucho más formal que la oración privada del capítulo 22. No debemos desdeñar la oración formal y pública: debemos ingresar en ella y aprender a usarla. Dios puede muy bien dar a conocer sus caminos por medio de esta clase de oración.

Por otra parte, estos cristianos de Antioquía ayunaron. Tal cosa constituye un elemento vital de la oración seria. De esta forma le expresamos a Dios que lo amamos más que a la comida. Le estamos diciendo que nos ocupamos con seriedad de la oración. No debemos tener una visión estrecha acerca del ayuno: puede ser una abstinencia temporal de dormir, de tener sexo, de hacer un deporte o de ver televisión.

Fue mientras ayunaban que Dios los guió como grupo hacia la nueva aventura que llevaría el evangelio de Jesús fuera del gueto judío y hacia el mundo gentil. Dios fue directo con ellos al indicarles que debían destinar a sus dos líderes más dotados para la tarea en otros países. ¡Qué contraste tan enorme con la iglesia moderna! ¡Qué miserable es nuestra comunidad y cuán débil son nuestra oración y ayuno! En consecuencia, qué inseguros somos acerca de la dirección divina, y cuán lentos para encarar iniciativas imaginativas.

Glorioso Salvador, te agradezco mucho por mis hermanos y hermanas en Cristo con quienes puedo adorar y buscar tu voluntad. Capacítanos para que dejemos de lado las desviaciones en nuestra vida de manera que podamos concentrarnos en ti y ser guiados a los grandiosos planes que tienes para nosotros. Amén.

El secreto del poder

Día 9: Fortalecidos por la oración

> [Pablo y Bernabé] en cada iglesia nombraron ancianos y, con oración y ayuno, los encomendaron al Señor en quien habían creído.
>
> Hechos 14:23

Imaginemos la escena: en medio del desierto de Turquía, en aquel primer y memorable viaje misionero fuera de Antioquía, se proclamó el evangelio. Los misioneros fueron echados a patadas de la ciudad luego de provocar disturbios entre los judíos. Algunos de los que escucharon creyeron, mientras otros rechazaron el mensaje. Entonces, ¿qué hicieron Pablo y Bernabé? En cada iglesia ordenaron competidores para el liderazgo de la sinagoga... ¡y luego desaparecieron! En ese caso, no me sorprende para nada leer el versículo anterior. Resulta un eufemismo el afirmar que «es necesario pasar por muchas dificultades para entrar en el reino de Dios» (v. 22).

¿Te hubiera gustado estar en el lugar de alguno de aquellos ancianos novatos? Me pregunto qué los mantuvo espiritualmente vivos. No contaban con un pastor que los guiara, ni tampoco un orden en la iglesia ni un precedente que imitar, no tenían un Nuevo Testamento para leer, ni templos ni dinero. ¿Cómo se las arreglaron para permanecer firmes? Lo hicieron por medio de la oración. Así fue. Dios nos fortalece cuando oramos. Ese es, con seguridad, el motivo por el que Pablo ruega una y otra vez en sus cartas: «Hermanos, oren por nosotros».

La oración es el canal establecido por Dios para derramar sus bendiciones sobre otros. Los misioneros en el campo extranjero y nuestros amigos cristianos con empleos duros y exigentes serán más fortalecidos por nuestras oraciones de lo que jamás podríamos siquiera imaginar. Algunos de nuestros amigos que atravesaron momentos de crisis fueron conscientes de la barrera de oración a su favor, justo cuando más lo necesitaron. Sin embargo, con solo unos pocos minutos al día dedicados a la oración, demostramos dónde están nuestras prioridades. ¿Nos asombra que veamos tan poco del poder de Dios, en comparación con nuestros hermanos y hermanas conscientes de la oración que están en Corea y en Singapur, en San Pablo y en Dar es Salaam?

El mismo Pablo fue fortalecido de forma maravillosa al orar en medio de las dificultades en Corinto. «No tengas miedo; sigue hablando y no te calles, pues estoy contigo. Aunque te ataquen, no voy a dejar que nadie te haga daño» (Hechos 18:9-10).

Poderoso Dios, con cuánta frecuencia me olvido de acudir a ti en oración cuando más necesito de tu ayuda. Por favor, enséñame, como lo hiciste con los primeros cristianos, a colocar mi confianza en ti para así ver tu poder obrando en mi vida y en la vida de los demás. Amén.

Día 10: El poder liberador de la oración

> Pablo y Silas se pusieron a orar y a cantar himnos a Dios ... De repente se produjo un terremoto tan fuerte que la cárcel se estremeció hasta sus cimientos. Al instante se abrieron todas las puertas y a los presos se les soltaron las cadenas.
>
> Hechos 16:25-26

Orar por otros no es la única clave para la vida cristiana efectiva y fructífera. Fue cuando Pablo y Silas cantaron alabanzas y elevaron oraciones de corazón en una mugrosa cárcel de Filipos que tuvo lugar el terremoto que los liberó de sus cadenas. La oración fue la puerta hacia la libertad, y lo sigue siendo. Estoy seguro de que los filipenses jamás olvidaron este asombroso incidente. Tampoco Pablo. Cuando volvió a estar encarcelado, le escribió a los Filipenses:

> Seguiré alegrándome porque sé que, gracias a las oraciones de ustedes y a la ayuda que me da el Espíritu de Jesucristo, todo esto resultará en mi liberación.
>
> Filipenses 1:18-19

Pablo y sus lectores sabían que estaban tratando con el Dios de lo imposible. La oración fue y es el arma secreta que está a nuestra disposición: nos hace experimentar el poder liberador del Dios todopoderoso. De alguna manera misteriosa, la «ayuda que me da el Espíritu de Jesucristo» se relaciona con las humildes oraciones del hombre.

Cada uno de nosotros somos capaces de pensar en algún incidente personal en el que hemos experimentado el poder manifiesto de la oración en nuestra vida. En un contexto más amplio, la historia nos ha mostrado respuestas a la oración absolutamente asombrosas, como la caída del apartheid y los regímenes comunistas.

Todopoderoso Dios, te alabo por el testimonio de los cristianos que ya se han ido y por las milagrosas intervenciones que tuviste en sus vidas. Haz de mí un discípulo que ora con humildad de corazón y que entona alabanzas en alta voz. Que pueda ser testigo del poder de tu Espíritu en las situaciones en que el cambio parece ser humanamente imposible. Amén.

El camino de la sanidad

Día 11: El camino de la sanidad

> Éste [Publio] nos recibió en su casa con amabilidad y nos hospedó durante tres días. El padre de Publio estaba en cama, enfermo con fiebre y disentería. Pablo entró a verlo y, después de orar, le impuso las manos y lo sanó.
>
> Hechos 28:7-8

En la época del Nuevo Testamento, la oración con o sin imposición de manos y con o sin unción con aceite (Santiago 5:15) era un medio por el cual a Dios le agradó traer sanidad. Y lo sigue siendo en todo el mundo. Habiendo sido escéptico acerca de la posibilidad de intervención de Dios en responder a la oración de sanidad, he visto tantos casos que solo puedo maravillarme debido a mi terquedad y descreimiento.

Hay que tener cuidado con el racionalismo cristiano. Tendemos a acudir a Dios en oración por sanidad como último recurso cuando ya no hay más esperanzas. «Lo lamento —decimos—, no hay más alternativas, solo nos queda orar». Jamás debiéramos acudir a Dios como el último recurso. Tendríamos que ir a él primero que todo, antes de acudir al médico, y colocar nuestra situación en sus manos, buscando su propósito divino para nosotros. Dios es el Dios de la salvación, y una y otra vez esa palabra en las Escrituras involucra (y en muchos casos significa) «sanidad».

La iglesia necesita una vez más ser una comunidad sanadora. Vivimos en un mundo enfermo y quebrantado, con cuerpos enfermos y mentes, experiencias, relaciones y adicciones enfermizas. Clamemos por sanidad a todo nivel, algo que solo Dios puede dar y que él ha canalizado a través de las oraciones de su pueblo.

Amado Padre, perdóname por no animarme a orar por quienes padecen una enfermedad en su cuerpo, en su mente o en su espíritu. Pienso en aquellos que conozco y que están sufriendo en este momento y te pido que actúes en sus vidas de acuerdo a tu voluntad y tu poder, por el bien de tu reino. Amén.

Día 12: El poder de Dios en nuestra debilidad

> Una espina me fue clavada en el cuerpo … Tres veces le rogué al Señor que me la quitara; pero él me dijo: «Te basta con mi gracia, pues mi poder se perfecciona en la debilidad».
>
> 2 Corintios 12:7-9

Aunque Dios puede intervenir y lo hace en respuesta a la oración, dándonos así un anticipo de la gloria venidera cuando ni el pecado ni el sufrimiento estropearán su creación, resulta beneficioso adentrarnos en una de las cartas de Pablo y recordar que la agonía que sufría, su «espina en la carne» (casi con seguridad una afección física), no fue sanada. Pablo también tuvo que dejar a su amigo Trófimo enfermo en Mileto (2 Timoteo 4:20).

Debemos ser cuidadosos de no hacer un alarde exagerado de la sanidad de los cristianos. Dios no siempre sana cuando se ora. Vivimos en un mundo caído del que Dios no erradica todo el sufrimiento como tampoco erradica todo el pecado.

Dios tenía otros planes para Pablo, y este tenía que confiar en que eran para bien. En respuesta al ruego de Pablo en oración Dios le aseguró que su poder se perfeccionaba en la debilidad, y que su gracia le sería suficiente para todo lo que el apóstol tuviera que soportar.

Pablo aceptó esta respuesta de corazón y de ahí en adelante decidió regocijarse en su debilidad, para que el poder de Cristo permaneciera sobre él.

Jamás debemos ser insensibles frente a las enfermedades y sufrimientos que muchos padecen, pero en nuestra propia vida podemos orar pidiendo gracia divina frente al sufrimiento, sabiendo que seremos fortalecidos en Cristo cuando seamos débiles en términos terrenales. Es más, a veces es cuando quedamos desvalidos por un profundo dolor cuando doblamos las rodillas en oración y experimentamos a Dios a plenitud, conscientes de que él es nuestra única fortaleza.

Misericordioso Señor y Creador, tú te afliges por nuestros sufrimientos más de lo que nosotros creemos, y a veces nos sentimos sobrepasados por todo lo malo que nos rodea. Que siempre recordemos tu poder soberano que se fortalece en nuestra debilidad. Por favor, danos paz y fortaleza para permanecer en el conocimiento de la esperanza que tenemos en ti. Amén.

La expresión de la comunión

DÍA 13: LA ORACIÓN QUE CREA LAZOS ESTRECHOS

> Allí encontramos a los discípulos y nos quedamos con ellos siete días … Al cabo de algunos días, partimos y continuamos nuestro viaje. Todos los discípulos, incluso las mujeres y los niños, nos acompañaron hasta las afueras de la ciudad, y allí en la playa nos arrodillamos y oramos.
>
> Hechos 21:4-5

Apenas a una semana de haber conocido a los cristianos de Tiro (de paso en su viaje de Éfeso a Jerusalén), ¿qué sucedió cuando Pablo estaba por despedirse? Él oró con sus hermanos y hermanas en Cristo, como lo había hecho luego de tres años de intenso ministerio entre los efesios (Hechos 20:36).

Esta es la manera suprema de que el amor cristiano fluya. Es la forma más rápida en que los hermanos en Cristo pueden ahondar en la comunión que disfrutan. Es el idioma universal. Podemos orar con un grupo de cristianos cuyo idioma no comprendemos. No importa, habremos profundizado nuestra relación con ellos y se habrá forjado un vínculo imposible de expresar con palabras. Jamás nos perdamos la oportunidad de orar los unos por los otros. Es lamentable que algunos cristianos jamás lo hayan experimentado. Esta es la expresión de comunión más natural y profunda entre los miembros de la misma familia.

La oración entre creyentes no necesita ser grandilocuente ni tenemos que atraer la atención sobre nosotros. Recuerdo un puñado de amigos en un apretado círculo en el aeropuerto de Durban, sumidos en la oración, que justo tomaron el vuelo cuando hicieron un insistente último llamado por los altoparlantes.

Por supuesto, dicha naturalidad podría degenerar en demasiada familiaridad. Sin embargo, no hay indicios de esto en Pablo. Cuando oraron antes de partir, leemos que se arrodillaron. Ahora bien, la Biblia no es exigente en cuanto a la postura para orar. Hacerlo de pie es algo normal («orar de pie en las sinagogas»); sentados también puede hacerse («el rey David entró y se sentó delante del SEÑOR», LBLA); y en ocasiones, me agrada leer: «Regocíjense los santos … aun sobre sus camas» (RVR95). Sin embargo, arrodillarse tiene algo que el hábito protestante de inclinar el rostro no puede igualar. Es una expresión de profunda humildad ante el Señor soberano, nuestro Hacedor.

Sí, la oración es la expresión suprema de la hermandad. Valorémosla y usémosla en forma colectiva, como lo hizo Pablo: oraban juntos en las casas, en pequeños grupos en la iglesia, cuando estaban de vacaciones. Esta es la comunión de los hijos redimidos con su Creador, quien es también su Padre. De nuestra parte se espera intimidad y respeto. Y él ansía que acudamos a su presencia *juntos* en oración.

Amado Señor, te alabo por la comunión que gozamos al poder orar juntos, al expresar nuestra unidad en ti. Te ruego que me muestres cómo puedo usar este don de forma más valiosa —con quienes ya me reúno para orar o buscando nuevos compañeros de oración— de manera que nuestra intimidad en se momento pueda acercarnos más a ti. Amén.

DÍA 14: UNA ORACIÓN POR TIMOTEO

> A mi querido hijo Timoteo: Que Dios el Padre y Cristo Jesús nuestro Señor te concedan gracia, misericordia y paz. Al recordarte de día y de noche en mis oraciones, siempre doy gracias a Dios ... Y al acordarme de tus lágrimas, anhelo verte para llenarme de alegría. Traigo a la memoria tu fe sincera, la cual animó primero a tu abuela Loida y a tu madre Eunice, y ahora te anima a ti. De eso estoy convencido. Por eso te recomiendo que avives la llama del don de Dios que recibiste cuando te impuse las manos.
>
> 2 Timoteo 1:1-6

No son muchas las oraciones de Pablo a favor de cierta persona en particular que quedaron registradas, pero las que sí lo han sido nos brindan cuatro intervalos conmovedores en la lectura.

En esta última y la más conmovedora carta de Pablo, lo vemos en oración por alguien a quien amaba profundamente: Timoteo. Él había llevado a Timoteo a la fe, había trabajado junto a él en varias incursiones evangelísticas, e incluso habían compartido la cárcel. Ahora, al estar de nuevo en prisión, Pablo le escribe a este lugarteniente de confianza para alentarlo en su función como líder. La convención normal en las cartas antiguas era escribir: «A para B, saludo» (en griego) o «A para B, la paz sea contigo» (en hebreo). Sin embargo,

Pablo no está atado a las convenciones. Combina la «gracia» griega con la «paz» hebrea y agrega en medio, como para que no falte, la «misericordia». Dios ofrece su gracia para todas nuestras necesidades diarias; nos ofrece su profunda paz que nos envuelve; pero por sobre todo, permanecemos solo gracias a su misericordia hacia los pecadores como nosotros. Pablo jamás se olvidó de ello, ya sea para sí o para cristianos experimentados como Timoteo.

Esta oración está matizada de gratitud y de recuerdos. Pablo está sumamente agradecido por su amado Timoteo. Al orar, va hacia atrás en el tiempo y recuerda la vida familiar de su discípulo (el lado judío por parte de madre y el pagano por parte de padre [Hechos 16:1 y siguientes]). Se siente agradecido por la herencia judía, por la fe que animó al menos a la mitad de la familia; agradecido por las lágrimas (que quizás fueran un indicador de la lucha entre el creyente y el pagano en el corazón adolescente de Timoteo); agradecido por la fe que había impactado en él; agradecido por el don de Dios que moraba en Timoteo: el Espíritu Santo en persona. Él permite que los recuerdos y la imaginación lo impulsen a la alabanza y la acción de gracias: «Al recordarte de día y de noche en mis oraciones, siempre doy gracias a Dios». La imagen mental de alguien o algo por lo que oramos es un elemento importante en la vida de oración que nos dirige hacia la intercesión sensible. Justo después de recordar, agradecer y orar es que Pablo le recomienda a Timoteo lo que necesita tener en mente. Es un modelo que podríamos adoptar cuando nos preocupamos por aquellos a quienes amamos.

Pablo es encarcelado bajo circunstancias muy duras. Es posible que haya sido en la cárcel de Mamertino en Roma —un lugar horrendo— y la expresión «de día y de noche» quizás refleje el sufrimiento, la falta de sueño y el frío al que estaba expuesto. Qué sencillo hubiera sido para él dar lugar a la frustración inútil. En cambio, transformó aquellas horas de vigilia en un productivo canal de oración. Podemos hacer una gran cosa si oramos cuando no logramos dormir y le pedimos al Señor que nos muestre qué quiere enseñarnos con ese insomnio (tal vez que necesitamos restablecer nuestro enfoque en él) y luego le preguntamos por quién desea que oremos.

Amado Señor, te agradezco por los amigos y la familia que son tan preciosos para mí. Pienso en la forma en que trabajaste en sus vidas y te pido que les permitas seguir conociendo y experimentando más de tu gracia, misericordia y paz cada día. Amén.

SEGUNDA PARTE

La prioridad de la oración en las cartas de Pablo

Uno de los componentes principales de las Epístolas

DÍA 15: LA ORACIÓN QUE BULLE EN LA SUPERFICIE

> Que Dios nuestro Padre y el Señor Jesucristo les concedan gracia y paz. Jesucristo dio su vida por nuestros pecados para rescatarnos de este mundo malvado, según la voluntad de nuestro Dios y Padre, a quien sea la gloria por los siglos de los siglos. Amén.
>
> Gálatas 1:3-5

Me asombran las constantes visiones incidentales de Pablo orando que hallamos en sus cartas. En cada una de las epístolas vemos algo de este hombre increíble en cuanto a la oración. No hay excepciones. No se trata de un tema prominente en Tito, una carta acerca del liderazgo de la iglesia dirigida a uno de sus lugartenientes, pero allí está presente la oración... al principio y al final (Tito 1:4; 3:15). Tampoco es prominente en Gálatas, una carta escrita con enojo a una iglesia abrumada por el legalismo por un lado y el libertinaje por el otro, pero forma parte de su estructura (Gálatas 1:3-5; 6:16,18).

En todas las otras cartas de Pablo la oración es un

componente fuerte (como en Efesios) o al menos considerable. Descubro un acento marcado en la oración en este colérico judío activista y disidente que, cuando no se estaba pudriendo en la cárcel, se dedicó a recorrer todo el mundo conocido. Para él, la oración era una prioridad, ya fuera que estuviera escribiéndole a Timoteo, que lideraba un grupo de iglesias o a Filemón, un rico hacendado convertido que dirigía una iglesia en su casa.

No había diferencia sin importar que le escribiera a una iglesia alentadora como la de Filipos o a una desalentadora como la de Corinto; a personas que conocía bien como los filipenses o a quienes nunca había visto como los colosenses. Y cuando escribe dos cartas generales, que parecen estar dirigidas a un ámbito más amplio (por ejemplo, Romanos y Efesios), la oración bulle en la superficie en gran manera. Es asombroso en verdad.

Amado Señor y Padre, te doy gracias porque la vida y las cartas de tu siervo Pablo muestran que la oración es una prioridad suprema. Por favor, te ruego que enciendas mi corazón para que sienta esa misma pasión por hablar contigo, que la oración caracterice cada uno de mis pasos, para el bien de tu gloria. Amén.

Lleno de la gracia de Dios

DÍA 16: EL TEMA QUE DOMINÓ LA VIDA DE PABLO

> Doy gracias al que me fortalece, Cristo Jesús nuestro Señor, pues me consideró digno de confianza al ponerme a su servicio. Anteriormente, yo era un blasfemo, un perseguidor y un insolente; pero Dios tuvo misericordia de mí porque yo era un incrédulo y actuaba con ignorancia. Pero la gracia de nuestro Señor se derramó sobre mí con abundancia, junto con la fe y el amor que hay en Cristo Jesús.
>
> 1 Timoteo 1:12-14

Fue la gracia lo que atrajo a Pablo hacia Dios en primer lugar: puro favor inmerecido de parte del Señor hacia un fariseo arrogante y nada admirable. Pablo tenía una conciencia incluso mayor de esto. Fue la gracia la que lo llamó aunque él no podía ser considerado un apóstol (1 Corintios 15:9-11). Fue la gracia a que lo puso de rodillas intimidado y a la vez maravillado de que incluso él pudiera ser utilizado por Dios en la proclamación de la historia de su divina misericordia hacia aquellos que jamás la habían oído (Efesios 3:8). Y fue esta gracia de Dios la que se volvió cada vez más y más preciosa para él a medida que avanzaba en edad, llegando al clímax en esta, una de las últimas cartas:

> Este mensaje es digno de crédito y merece ser aceptado por todos: que Cristo Jesús vino al mundo a salvar a los pecadores, de los cuales yo soy el primero. Pero precisamente por eso Dios fue misericordioso conmigo, a fin de que en mí, el peor de los pecadores, pudiera Cristo Jesús mostrar su infinita bondad. Así vengo a ser ejemplo para los que, creyendo en él, recibirán la vida eterna. Por tanto, al Rey eterno, inmortal, invisible, al único Dios, sea honor y gloria por los siglos de los siglos. Amén.
>
> 1 Timoteo 1:15-17

Ese es el tema que dominó su vida: la inmerecida generosidad de Dios. Se reconoce completamente indigno a los ojos de Dios, y sin embargo el Señor tuvo misericordia con él y le confió la tarea de hacer conocida a otros su inimaginable oferta de libre aceptación, dada por el mismo Dios con quien fuimos injustos. «El peor de los pecadores»... pero que fue rescatado para ser un ejemplo para todos aquellos que creerían en todo el mundo y en todas las épocas. ¡No debe sorprendernos de que haya prorrumpido en alabanzas!

Misericordioso Señor, te alabo por haberme mostrado tu favor inmerecido a pesar de mi rebelión y porque ansías usarme en tu servicio. Te pido que nunca dé por sentada tu gracia sino que pueda vivir una vida merecedora de semejante llamado. Amén.

Día 17: La oración centrada en la gracia de Dios

> Pero Dios, que es rico en misericordia, por su gran amor por nosotros, nos dio vida con Cristo, aun cuando estábamos muertos en pecados. ¡Por gracia ustedes han sido salvados!
>
> Efesios 2:4-5

Lo que las congregaciones de Pablo más necesitaban era la gracia, tanto como él la requería; de manera que, por encima de todo lo demás, eso es lo que pedía. Hallamos este pedido al inicio de sus cartas: «Que Dios nuestro Padre y el Señor Jesucristo les concedan gracia y paz» (1 Corintios 1:3); y también lo encontramos al final de las cartas: «Que la gracia del Señor Jesucristo sea con su espíritu» (Filemón 25). En la vida cristiana, de principio a fin, experimentamos la gracia de Dios. Y la oración es el instrumento que a Dios le agrada usar para permitir que las personas se apropien de su bondad.

La gracia tiene un esplendor con varias caras. Cuando los creyentes acuden a Dios en primera instancia, es la gracia que se percibe como un favor inmerecido la que los acepta. Por gracia somos salvos. La «gracia» en este caso manifiesta con claridad la aceptación inmerecida de personas pecadoras como nosotros por parte de un Dios que no nos debe nada, pero que igual nos ama. Al orar por los demás, lo más importante que debemos pedir es que puedan reconocer y apreciar esto en su propia vida.

Con frecuencia, como vimos en la cita anterior, Pablo une la «paz» con la «gracia» en sus oraciones por sus amigos, con un anhelo de que esta paz de Dios deje su marca en la vida de aquellos en quienes su gracia está activa. La gracia siempre es algo central en las oraciones de Pablo: fue lo que lo convirtió en un hombre nuevo. Y ese es el deseo supremo para sus iglesias y sus miembros. Todo lo que necesitamos es más de la gracia de Dios, el generoso Dios que se brinda de manera constante para cubrir nuestras diversas necesidades.

Amado Señor, te doy la honra y la alabanza por el don de tu gracia, por medio de la cual has transformado mi vida y me has convertido en una nueva persona. Te pido que aquellas personas amadas en Cristo puedan aceptar esta verdad en su vida. Te ruego que podamos sentir tu paz en nuestro corazón, al experimentar tu profundo amor y misericordia. Amén.

DÍA 18: FORTALEZA Y GENTILEZA

> Pero él me dijo: «Te basta con mi gracia, pues mi poder se perfecciona en la debilidad». Por lo tanto, gustosamente haré más bien alarde de mis debilidades, para que permanezca sobre mí el poder de Cristo.
>
> 2 Corintios 12:9

La inmerecida gracia de Dios adquiere otros matices en los escritos de Pablo. Uno de ellos es «fortaleza». Una vez que los creyentes aprecian lo que Dios hizo al salvarnos y aceptarnos, somos llamados a una vida de santidad progresiva, así como también nuestro Padre celestial es santo. Sin embargo, esto está fuera de la capacidad humana, ya que somos propensos a deslizarnos y caer. Si vamos a comenzar a vivir la vida cristiana necesitamos la «gracia» del Señor, su poder para sobreponernos a las fuerzas que tiran de nosotros hacia abajo y nos atormentan.

Existe una dimensión resultante de la gracia: la «gentileza». «Que su conversación sea siempre amena y de buen gusto. Así sabrán cómo responder a cada uno» (Colosenses 4:6).

Una de las marcas manifiestas de la fortaleza del Señor en nuestro vivir se presenta justo aquí, en nuestro estilo de vida, en especial en nuestra conversación: si en realidad recurrimos a su fortaleza, manifestaremos una nueva gentileza en nuestra forma de hablar con los demás. Un amor inmerecido que nos acepta tal como somos; una fortaleza inmerecida que nos capacita para vivir para él; y una gentileza inesperada al hablar cuando el amor y el poder del Señor comienzan a rodearnos y a obrar por medio de nosotros. ¿Qué otra cosa mayor que la gracia podría haber pedido Pablo en oración para sus convertidos?

Poderoso Señor, te agradezco porque tu gracia toma mis debilidades y las convierte en tu fortaleza. Te pido por aquellas personas que conozco que están pasando por momentos difíciles, para que puedan conocer tu poder que los sostiene. Te ruego que me des palabras gentiles que sean testimonio de tu poder transformador. Amén.

Día 19: La oración por ser como Cristo

> Por eso oramos constantemente por ustedes, para que nuestro Dios los considere dignos del llamamiento que les ha hecho, y por su poder perfeccione toda disposición al bien y toda obra que realicen por la fe. Oramos así, de modo que el nombre de nuestro Señor Jesús sea glorificado por medio de ustedes, y ustedes por él, conforme a la gracia de nuestro Dios y del Señor Jesucristo.
>
> 2 Tesalonicenses 1:11-12

Si se escrutaran las oraciones del cristiano moderno promedio, es probable que descubramos que predomina la oración por cuestiones específicas. Oraciones por salud, por necesidades económicas, por éxito en los exámenes, en el deporte o en la profesión. Llama la atención de que estas preocupaciones estén ausentes de las oraciones del apóstol, aunque él estuvo expuesto a tal variedad de dificultades que podríamos imaginar que serían los principales motivos de oración.

Su preocupación por sus amigos no era tanto porque se vieran cubiertas las necesidades físicas y emocionales sino para que crecieran en madurez y en su semejanza a Cristo. Por lo tanto, él pide en oración que sus atribulados seguidores de Tesalónica fueran dignos del llamado de Dios y que crecieran en su fe y en su disposición para hacer el bien. Deseaba que los filipenses crecieran en amor, en discernimiento y en una vida cristiana irreprochable (Filipenses 1:9-11). Como su amigo Epafras, ora que los lectores de la carta se mantengan firmes, cumpliendo en todo la voluntad de Dios (Colosenses 4:12).

Si los cristianos aprendieran a hacer esto con mayor frecuencia, habría menos reclamos en cuanto a la falta de respuesta de Dios a las oraciones. Él no es una especie de almacén celestial que nos provee según nuestra lista de compras. Es el Santo y el Supremo que habita en la eternidad, que se concentra en preparar a sus hijos para que un día la disfruten junto a él para siempre. Desea que nosotros seamos «transformados según la imagen de su Hijo» (Romanos 8:29).

Santísimo Señor, te agradezco porque deseas vivir y obrar en un corazón como el mío. Por favor, transforma mis deseos para que reflejen los de tu Hijo, Jesucristo, mi Salvador. Oro por aquellos que conozco y que luchan con su andar cristiano, para que tú los ayudes a crecer en la fe de manera que podamos estar preparados para la eternidad. Amén.

DÍA 20: LA ORACIÓN PARA CADA ASPECTO DE NUESTRA VIDA

> No se inquieten por nada; más bien, en toda ocasión, con oración y ruego, presenten sus peticiones a Dios y denle gracias. Y la paz de Dios, que sobrepasa todo entendimiento, cuidará sus corazones y sus pensamientos en Cristo Jesús.
>
> Filipenses 4:6-7

Pablo no se permitió caer en la oración tipo «lista de compras». Ni tampoco se involucró en generalidades banales en sus oraciones. Las mismas estaban pensadas para promover la madurez en los lectores y la gloria de Dios, pero al mismo tiempo hacían mención de situaciones muy específicas. Si nuestras oraciones son demasiado vagas, jamás identificaremos una respuesta a ellas.

En lo personal, descubrimos que Pablo escribe oraciones en las que pide paz mental en medio de sus preocupaciones, como lo vemos en la cita de más arriba. A escala internacional, encontramos oraciones por los líderes de las naciones. Y no solo por ellos mismos, sino para que por medio de su buen gobierno puedan crear un clima de paz, piedad y respeto mutuo. ¡Feliz el país que es así gobernado!

En su propia vida, encontramos oraciones referidas a

la planificación de los viajes. Pablo espera que se hagan efectivas las oraciones de Filemón por su liberación (Filemón 22). Encontramos oraciones para ser librado de los opositores violentos del evangelio, no tanto por su propio bien, sino por el bien de la ofrenda monetaria que estaba recaudando en las iglesias gentiles para entregarla a la iglesia de Jerusalén (Romanos 15:31). Se encuentra una oración similar por liberación de los hombres malvados en 2 Tesalonicenses 3:1-2: «Que el mensaje del Señor se difunda rápidamente y se le reciba con honor ... que seamos librados de personas perversas y malvadas».

Dios está interesado e involucrado en cada aspecto de nuestra vida y anhela tranquilizarnos, si tan solo lleváramos todas nuestras cargas a él. A la inversa, descubriremos que nuestra mente y corazón estarán más a tono con los propósitos divinos cuando, en oración, cada aspecto de nuestra vida esté orientado hacia su gloria.

Amado Padre Dios, te alabo por conocer mi vida en lo más íntimo. Quiero entregarte todas mis ansiedades. Deseo experimentar tu paz. Te doy gracias porque eres soberano sobre todo lo que sucede en el mundo. Te ruego que guardes en paz la mente y el corazón de tu pueblo que está siendo abrumado por la agitación o la oposición, por el bien de tu gloria. Amén.

DÍA 21: LA ORACIÓN PARA QUE SE DIFUNDA EL EVANGELIO

> Oren en el Espíritu en todo momento, con peticiones y ruegos. Manténganse alerta y perseveren en oración por todos los santos. Oren también por mí para que, cuando hable, Dios me dé las palabras para dar a conocer con valor el misterio del evangelio, por el cual soy embajador en cadenas. Oren para que lo proclame valerosamente, como debo hacerlo.
>
> Efesios 6:18-20

Por sobre todas las cosas, Pablo ansía contar con oraciones referidas a la extensión del evangelio. Su mayor preocupación misionera está referida a su propia nación: el pueblo judío. «Hermanos, el deseo de mi corazón, y mi oración a Dios por los israelitas, es que lleguen a ser salvos» (Romanos 10:1).

Esto es muy distinto a la actitud de muchos asistentes a la iglesia en la actualidad que tienen dudas acerca de si será correcto evangelizar en primer lugar, y a hombres y mujeres de otros credos en particular. Después de todo, vivimos en una sociedad pluralista. El Imperio Romano era mucho más pluralista, sin embargo, fue en ese imperio pluralista que el evangelio de Cristo resonó alto, fuerte y nítido. La oración de Pablo era que su mensaje fuera incluso más claro y potente, y con su ejemplo subrayaba lo que pedía en oración. Ya fuera que estuviera en un país judío o gentil, en la cárcel o en libertad, este hombre increíble tenía una pasión sin par: dar a conocer a Jesús. Hacia finales de su vida encontramos esta asombrosa declaración: «Así que, habiendo comenzado en Jerusalén, he completado la proclamación del evangelio de Cristo por todas partes, hasta la región de Iliria. En efecto, mi propósito ha sido predicar el evangelio donde Cristo no sea conocido» (Romanos 15:19-20). Cuando escribe a los filipenses desde la cárcel, menciona la manera en que los guardias escuchan el evangelio de sus labios (Filipenses 1:13) y casi su último encargo a su joven colega Timoteo es: «Predica la Palabra; persiste en hacerlo, sea o no sea oportuno» (2 Timoteo 4:2).

Se buscan cristianos que no tengan miedo de ser testigos de Jesucristo.

Eterno Señor, te doy gracias por el testimonio de evangelistas como Pablo, por medio de quien tu Palabra se ha extendido por el mundo. Por favor, dales valor a todos los que se esfuerzan por hacer conocer el evangelio. Que nunca me avergüence de hablar de tu gloriosa verdad. Amén.

Día 22: La oración que está bien informada

> En todas mis oraciones por todos ustedes, siempre oro con alegría, porque han participado en el evangelio desde el primer día hasta ahora … Tengo hasta de sobra ahora que he recibido de Epafrodito lo que me enviaron … Así que mi Dios les proveerá de todo lo que necesiten, conforme a las gloriosas riquezas que tiene en Cristo Jesús.
>
> Filipenses 1:4-5; 4:18-19

Cuando Epafrodito le trajo a Pablo noticias de la iglesia de Filipos junto con un regalo de parte de ellos, la alegría de Pablo fue tan inconfundible como la información que matiza sus oraciones. Aun en una situación espiritualmente compleja como la de Corinto, encontramos que Pablo le agradece al Señor por los regalos de los creyentes y por la gracia de Dios que es tan evidente entre ellos. Él puede escribirles con conocimiento y orar por ellos con plena confianza. Uno puede imaginárselo tratando de presionar al máximo, en busca de información local, a cada visitante que le traía noticias (1 Corintios 1:11).

Es la misma historia con los colosenses. Las oraciones de Pablo por ellos se ven estimuladas cuando, vía Epafras (uno de los que visitaban al apóstol), le llega información de que los de Colosas están volviendo a

Dios. «Siempre que oramos por ustedes, damos gracias a Dios ... pues hemos recibido noticias de su fe en Cristo Jesús y del amor que tienen por todos los santos ... Por eso ... no hemos dejado de orar por ustedes» (Colosenses 1:3,4,9).

El trasfondo de oración por iglesias determinadas es una de las maravillosas claves secundarias en las epístolas: «Doy gracias a mi Dios ... pues en todo el mundo se habla bien de su fe ... Dios ... me es testigo de que los recuerdo a ustedes sin cesar. Siempre pido en mis oraciones» (Romanos 1:8-10). Observamos al mismo tipo de oración con conocimiento y una vívida memoria operar también hacia determinadas personas (Filemón 4; 2 Timoteo 1:3). Equipado con esta información, el apóstol se dispone a orar.

No es la longitud de nuestra oración lo que importa sino la intención: traer a las personas o las congregaciones a la mente y presentarlas delante del Señor.

Misericordioso Dios, te doy gracias por aquellos que conozco que están empezando la vida cristiana. Pienso en sus circunstancias, en los desafíos que enfrentan, el entusiasmo por el evangelio... y te pido que sigas cubriendo sus necesidades. Por favor, te ruego que me concedas amor y preocupación por ellos. Amén.

Día 23: La oración inducida por el Espíritu

> Así mismo, en nuestra debilidad el Espíritu acude a ayudarnos. No sabemos qué pedir, pero el Espíritu mismo intercede por nosotros con gemidos que no pueden expresarse con palabras. Y Dios, que examina los corazones, sabe cuál es la intención del Espíritu, porque el Espíritu intercede por los creyentes conforme a la voluntad de Dios.
>
> Romanos 8:26-27

Cuando Pablo permitía que el Espíritu le inspirara las oraciones era cuando más confiado estaba de obtener una respuesta positiva. Ya había dado por sentado que una de las señales seguras de ser un cristiano es la presencia del Espíritu Santo en nuestro corazón, que nos permite mirar a Dios y llamarlo «Abba, Padre» (véase Romanos 8:15). El Espíritu Santo es el miembro de la divinidad que vive en el corazón del creyente.

Cuando el Espíritu nos indica por qué orar y nosotros elevamos esa petición al Padre en el nombre de Jesús, podemos estar seguros de que el Padre conoce lo que está en la mente del Espíritu y responderá en forma positiva. Esto es una cabal comprensión trinitaria de la oración. Esperar en Dios y permitir que su Espíritu, como un manantial en medio de nuestro corazón, brote con los temas por los que deberíamos estar orando, nos sirve de gran aliento. La profundidad llama a una mayor profundidad cuando el Padre escucha e interpreta los gemidos del Espíritu a nuestro favor. En efecto, una posible traducción de Romanos 8:28 está arraigada en este pensamiento: «El Espíritu ruega por el pueblo de Dios de acuerdo a la manera de Dios, y en todo coopera para el bien de aquellos que son llamados para el propósito de Dios».

Amante Padre, por favor, te ruego que aquietes mi corazón y que tu Espíritu estimule lo más profundo de mi ser. Que sea él quien me dicte las oraciones y que hable en mi lugar cuando mis palabras sean demasiado limitadas, y que lo haga conforme a tu voluntad. Amén.

DÍA 24: BATALLAS INTENSAS EN LA ORACIÓN

> Pues aunque vivimos en el mundo, no libramos batallas como lo hace el mundo. Las armas con que luchamos no son del mundo, sino que tienen el poder divino para derribar fortalezas.
>
> 2 Corintios 10:3-4

Pablo y sus amigos conocieron tiempos en los que hubo una batalla intensa en la oración. Él habla de lucha y de preocupación en Colosenses: «Epafras … está siempre luchando en oración por ustedes» (Colosenses 4:12). Esta es la misma expresión griega que Jesús emplea en la oración en el huerto: «Pero, como estaba angustiado, se puso a orar con más fervor, y su sudor era como gotas de sangre que caían a tierra» (Lucas 22:44). Pablo sabía que había un gran obstáculo a la oración: Satanás. Sabía que el esfuerzo humano por sí solo vale poco, pero que la oración puede lograr mucho.

La iglesia moderna occidental sabe poco acerca de la oración directa contra las fuerzas de la oscuridad, pero hay señales de que a medida que crece la fascinación por el ocultismo y el satanismo declarado algunos cristianos están comenzando a darse cuenta de la importancia de la guerra espiritual por medio de la oración y el ayuno. Por cierto, en nuestra propia vida, la oración directa contra Satanás en las luchas espirituales que experimentamos es tremendamente efectiva.

No hay dudas de que esto figuraba de manera significativa en la multifacética comprensión que Pablo tenía acerca de la oración. De manera que sin exagerar podía aconsejar a sus amigos de Tesalónica: «Oren sin cesar» (1 Tesalonicenses 5:17). Eso es lo que él había aprendido a hacer. Orar sin que se produzcan largos intervalos (*adialeiptōs*) es uno de los grandes secretos de la vida cristiana efectiva. Y lo que es más, ninguna vida cristiana puede ser fructífera sin ello.

Poderoso Señor, presento ante ti las luchas de mi vida y te pido que quites a Satanás de ellas. No permitas que mantenga oprimidos los corazones de aquellos que te buscan. Te ruego que podamos ser más que vencedores para tu evangelio y para tu reino. Amén.

DÍA 25: ORACIONES EN SILENCIOSA ADORACIÓN

> Me arrodillo delante del Padre … Y pido que … puedan comprender, junto con todos los santos, cuán ancho y largo, alto y profundo es el amor de Cristo; en fin, que conozcan ese amor que sobrepasa nuestro conocimiento, para que sean llenos de la plenitud de Dios.
>
> Efesios 3:14,17-19

En ocasiones, la oración es un asunto de recordar personas y necesidades en la presencia del Señor. Otras veces es descansar en Dios y en su abundante amor, es una enorme entrega a él sin palabras ni peticiones.

En su carta a los Efesios, nos unimos a Pablo en su honda contemplación del Dios vivo. Se trata de una imagen profundamente motivadora de Pablo, el hombre de oración, arrodillado ante su Padre celestial, sencillamente asombrado por la grandeza del amor de su Dios que había dispuesto la venida del Espíritu de Cristo para que habitara en su corazón en respuesta a su clamor de fe. En dicha contemplación, el espíritu humano se eleva y recibe alimento.

Es en esta actitud de silenciosa adoración y sobrecogimiento que Dios está más dispuesto a comunicarse con su pueblo. Las lágrimas podrán humedecer los ojos de una persona mientras otra podrá hacer una declaración profética de aliento. Se trata solo del Señor que se acerca a su pueblo que acude a él en silenciosa expectación.

Amado Dios, estoy maravillado por tu amor infinito que me lo ha dado todo. No me alcanzan las palabras para expresarte mi gratitud. Por favor, sigue alimentando mi espíritu conforme a tu voluntad. Amén.

Día 26: Oraciones rebosantes de alabanza

> Alabado sea Dios, Padre de nuestro Señor Jesucristo, que nos ha bendecido en las regiones celestiales con toda bendición espiritual en Cristo.
>
> Efesios 1:3

La oración de Pablo también se caracterizaba por la alabanza llena de júbilo. Él interrumpía su secuencia de pensamientos solo para irrumpir en una expresión de alabanza: «Por tanto, al Rey eterno, inmortal, invisible, al único Dios, sea honor y gloria por los siglos de los siglos. Amén» (1 Timoteo 1:17).

Me encanta ese apóstrofe o pausa, ese elevar los ojos y decirle a Dios: «Eres maravilloso». Muchos de los momentos más profundos en mi propia vida de oración son inducidos por ocasiones en que hago precisamente eso: dejo todo a un lado y me dirijo a Dios en una breve pero sentida alabanza. Es lo que el hermano Lawrence llamaría «poner en práctica la presencia de Cristo».

Señor Jesús, Rey celestial, te alabo por todo lo que eres desde la eternidad y por todo lo que has hecho por tu pueblo. Por favor, fija mis ojos en ti ahora y siempre. Amén.

Día 27: Una oración por Onesíforo

> Que el Señor le conceda misericordia a la familia de Onesíforo, porque muchas veces me dio ánimo y no se avergonzó de mis cadenas. Al contrario, cuando estuvo en Roma me buscó sin descanso hasta encontrarme. Que el Señor le conceda hallar misericordia divina en aquel día. Tú conoces muy bien los muchos servicios que me prestó en Éfeso.
>
> 2 Timoteo 1:16-18

¡Cuánto nos hubiera gustado saber un poco más acerca de Onesíforo! El Nuevo Testamento no nos dice nada, pero una obra de mediados del siglo II, *The Acts of Paul and Thecla* [Los hechos de Pablo y Tecla], nos informa que era un ciudadano de Iconio que, junto a su esposa Lectra, recibió en su casa a Pablo en su primer viaje misionero y se convirtió gracias a él. Tenía su vivienda en su lugar de residencia en Éfeso, y como muchos de los ricos comerciantes de la época, realizó frecuentes viajes a Roma. Fue en uno de esos viajes que se enteró de que Pablo estaba encarcelado y realizó denodados esfuerzos por liberarlo. Cuánto habrá significado para Pablo recibir una visita como esa de parte de un amigo de confianza. La cárcel puede ser no solo un lugar solitario sino también desalentador.

Al escribirle a Timoteo en Éfeso, Pablo sigue disfrutando del gozo y el aliento que representó la compañía de Onesíforo. Él desea manifestar su gratitud por la visita pidiendo a Dios en oración las más ricas bendiciones sobre el hogar de este hermano. Aquí hay un ejemplo importante de oración por todo el entorno social de determinada persona. Todos somos en gran manera influenciados por nuestra situación familiar, y es bueno saber que los amigos que nos aman oran por nosotros.

Onesíforo no es olvidado; al contrario. En vez de solo agradecer a Dios por él, Pablo hace algo mucho más importante. Ora para que todo el estilo de vida de Onesíforo pueda parecerse tanto al de Cristo que cuando él se enfrente a su muerte (Pablo en este punto estaba contemplando la suya; véase 2 Timoteo 4:6 y siguientes) pueda alzar la mirada confiado en la misericordia del Señor. Tanto «misericordia» como «aquel día» son prominentes en esta carta. Sería bueno que nosotros como cristianos del siglo veintiuno, amantes del placer y de la complacencia, tomáramos ambos conceptos con mayor seriedad. Un día habremos de morir y luego, por encima de todo, estaremos necesitados de la inmerecida misericordia del Señor. Qué hermoso cuando un amigo cristiano, como Pablo, tiene la percepción clara y la franqueza para orar por eso.

Padre celestial, te doy gracias por aquellos cristianos que han sido fieles conmigo y con mis seres queridos en la oración. Que yo pueda también aprender a presentar a mis amigos y hermanos cristianos en oración ante ti, para que ellos perseveren en la fe hasta el día de tu regreso. Amén.

Tercera parte

La oración por los cristianos que Pablo conocía bien

Oración por los filipenses

Día 28: El cariño de Pablo por Filipos

> Pablo y Timoteo, siervos de Cristo Jesús, a todos los santos en Cristo Jesús que están en Filipos, junto con los obispos y diáconos: Que Dios nuestro Padre y el Señor Jesucristo les concedan gracia y paz.
>
> Filipenses 1:1-2

¡Filipos! ¡Cómo se estremecía el apóstol Pablo ante ese nombre! Significó muchísimo en el curso de su ministerio porque fue allí a donde marchó el apóstol cuando recibió la visión del hombre de Macedonia que le indicaba que fuera a Europa. Filipos era una de las ciudades más destacadas en la gran provincia romana de Macedonia, que comprendía todo el norte de Grecia. Fue un hueso duro de roer porque había sido fundada como colonia romana y estaba llena de soldados retirados de los legionarios. No obstante, aquí fue donde Pablo plantó una pequeña iglesia, inaugurada en el lugar de oración en el que se reunían los judíos junto al río.

Sabemos de tres de sus primeros miembros. Una fue

Lidia, una destacada empresaria. Otra fue una niña esclava profundamente involucrada en el ocultismo y que había sido liberada a través del ministerio de Pablo. El tercer miembro fue el guardia de la cárcel en la que había sido echado Pablo por predicar el evangelio. No era un inicio de lo más prometedor, pero la iglesia creció y prosperó, quizás bajo la guía y el cuidado pastoral de Lucas. Pocos años más tarde, cuando se escribió la carta a los Filipenses, ya se había convertido en una fuerza a tener en cuenta, completa con sus ancianos y diáconos y su propia vida eclesial dinámica y generosa, aunque quizás a veces un tanto problemática.

Por eso no nos sorprende la calidez que inunda a Pablo al escribirle a esta iglesia, a la que había evangelizado diez años atrás. Está en prisión una vez más y parece ser que le enviaron una ofrenda en dinero, y tal vez provisiones, por medio de uno de los suyos, Epafrodito (Filipenses 2:25 y siguientes). Él escribe para agradecerles y para tratar varios otros temas; pero ante todo lo encontramos orando por ellos.

Misericordioso Señor, te agradezco por el ejemplo de Pablo en la evangelización y en la oración por sus convertidos. Te ruego que me des pasión para ayudar a otros a conocerte y a que crezcan en ti. Amén.

El enfoque de Pablo hacia la oración

Día 29: La oración constante con acción de gracias

> Doy gracias a mi Dios cada vez que me acuerdo de ustedes. En todas mis oraciones por todos ustedes, siempre oro con alegría, porque han participado en el evangelio desde el primer día hasta ahora.
>
> Filipenses 1:3-5

No resulta extraño que el enfoque de Pablo en cuanto a la oración siga un modelo similar en sus diversas cartas. Una vez que hemos adquirido buenos hábitos en la oración, estos tienden a sernos de utilidad.

Su oración era *constante*. Quizás no hacía oraciones largas cada vez que se acordaba de ellos, pero los mencionaba en todas las oportunidades. Resulta impactante ver cuántas veces expresa las frases «al mencionarlos» o «al recordarlos en mis oraciones» en el Nuevo Testamento. Se refiere a cristianos que vivían tan cerca de Dios que acudían a la memoria de manera natural cuando oraba.

Su oración era de *gratitud*. Sería maravilloso si pudiéramos señalar la gratitud como un aspecto sobresaliente de nuestra vida de oración. Con demasiada frecuencia somos insistentes al pedir, pero olvidadizos de la necesidad de regresar y agradecer a Dios por lo que hizo. Pablo no cometió ese error. La gratitud caracteriza sus oraciones; esta es una señal de una espiritualidad auténtica.

Su oración era *gozosa*. A veces la oración parece ser una carga, una obligación carente de satisfacción. En las oraciones colectivas, las peticiones son una plática solemne más que una interacción gozosa con un Dios generoso. El gozo era una de las características más notables de Jesús: era lo que atraía a las personas hacia él. Irradiaba vida y prometió que su gozo permanecería como un regalo para sus seguidores (Juan 15:11). Es una lástima que sea un regalo que muchos ni siquiera han abierto.

Su oración era *reflexiva*. Mientras Pablo oraba, debió dedicar un tiempo para reflexionar en todo lo que había sucedido «desde el primer día hasta ahora». ¡Qué recuerdos habrán acudido a su mente! La caminata de catorce kilómetros por la vía Egnatia desde el puerto de Neápolis hasta el lugar de oración a campo abierto. Lidia, a quien «el Señor le abrió el corazón»... *Te ruego Señor que mantengas su corazón abierto para ti*, pudo haber orado. La niña esclava... *Señor, no permitas que esas fuerzas del mal regresen y dominen su vida; protégela, Señor Jesús.* Los magistrados que los habían encarcelado a él y a Silas... *Señor, ocúpate de ellos según tus tiempos y a tu manera.* Y en cuanto al carcelero... *Señor, te agradezco por su vida.* Al rememorar a las personas y los hechos de aquel lugar, no nos sorprende que la memoria llevó a Pablo a agradecer por la iglesia de Filipos, por la conversión de ellos, por su crecimiento, por el cuidado hacia él, por el celo en la evangelización.

Amado Padre, te alabo porque me hiciste espiritualmente vivo. Enséñame a vivir cercano a ti en oración, en gozosa gratitud por todo lo que has hecho en mi vida y en la de aquellos que conozco y amo. Amén.

DÍA 30: INSPIRADO POR LA AFINIDAD EN EL EVANGELIO

> Porque han participado en el evangelio ... ya sea que me encuentre preso o defendiendo y confirmando el evangelio, todos ustedes participan conmigo de la gracia que Dios me ha dado.
>
> Filipenses 1:5,7

¿Por qué Pablo dedicó tanto tiempo y atención a la intercesión por sus amigos y sus iglesias? Después de todo, no deja de ser un arduo trabajo hacerlo semana tras semana y año tras año. Dos veces en rápida sucesión, Pablo usa la palabra cristiana clave para comunión: *koinōnia*. Esta aparece oculta bajo los términos traducidos como «participado» y «participan». Se refiere a una participación conjunta, algo que comparten. De manera que, ¿qué tiene en común este voluble apóstol con la brigada de soldados retirados de Filipos?

Tenían el *evangelio en común* (v. 5): las mismas buenas nuevas de Jesús el Salvador y Señor que habían hecho caer de rodillas a este orgulloso fariseo habían penetrado la colonia romana en Filipos. El evangelio los había convertido en nuevas personas. Esto es un valioso promotor de la oración, en especial de la oración por aquellos que hemos llevado a la fe. Como tenemos en común este mismo y poderoso instrumento de las buenas nuevas de Dios, podemos orar con gozo y confianza los unos por los otros.

Además tenían una *tarea en común* (v. 7): la defensa y confirmación del evangelio. Pedro emplea la misma palabra griega, «defensa», al alentar a sus lectores: «Estad siempre preparados para presentar defensa con mansedumbre y reverencia ante todo el que os demande razón de la esperanza que hay en vosotros» (1 Pedro 3:15, RVR95). Existen excelentes razones para la fe cristiana y necesitamos saber lo que creemos y por qué, estando preparados para decirlo con confianza. La otra palabra de Pablo, «confirmación», nos habla de la educación adecuada de los jóvenes en Cristo por parte de los obreros entrenados en el Señor. Pablo y sus convertidos en Filipos estuvieron involucrados juntos en este ministerio de apologética y educación. Es una plataforma importante sobre la cual edificar la oración recíproca, a medida que ambas partes conocen las alegrías y las dificultades de la tarea que se les encomienda.

Pablo también les recuerda que participan de una *gracia en común* (v. 7). En este caso, «gracia» significa fortaleza. Nosotros, y aquellos por quienes oramos, somos receptores de la misericordiosa fortaleza del Señor para nuestras batallas cotidianas si se lo pedimos. Cuando oramos por ellos, el mismo Señor que nos sostiene a nosotros también los sostendrá. Y si existiera un terreno apropiado para la oración, no hay dudas de que este es excelente.

Participar y compartir ayuda a la oración.

Señor todopoderoso, te doy gracias por la vida y el propósito que el evangelio le brinda a los cristianos de todas partes. Te doy las gracias por darnos tu fortaleza para los desafíos que enfrentamos. Ayúdame a recordar esto en mi vida al presentarte las necesidades de mis hermanos en Cristo. Amén.

Día 31: Inspirado por la seguridad de la voluntad de Dios

> Estoy convencido de esto: el que comenzó tan buena obra en ustedes la irá perfeccionando hasta el día de Cristo Jesús … los llevo en el corazón … Dios es testigo de cuánto los quiero a todos con el entrañable amor de Cristo Jesús.
>
> Filipenses 1:6-8

La perseverancia de los filipenses durante estos diez años probó la realidad de la obra de Cristo en ellos. Su divino amor no les permitió apartarse. La supervivencia y el crecimiento estaban garantizados por la naturaleza de Dios mismo, que es absolutamente constante.

Pablo puede haber estado meditando en el Salmo 138, el cual expresa estas maravillosas palabras:

> Aunque pase yo por grandes angustias,
> tú me darás vida;
> contra el furor de mis enemigos extenderás la mano:
> ¡tu mano derecha me pondrá a salvo!
> El Señor cumplirá en mí su propósito.
> Tu gran amor, Señor, perdura para siempre;
> ¡no abandones la obra de tus manos!
>
> vv. 7-8

Él terminará la obra que ha comenzado. ¡Qué imagen tan evocadora de aquel que es el Alfa y la Omega! Él sostiene en sus manos poderosas tanto al prisionero en Roma como a la congregación en Filipos. Y terminará el tapiz que ha comenzado a bordar en sus vidas. No hay dudas en cuanto a su divina voluntad y su poder con relación a este tema, por eso Pablo ora con profunda convicción. Conocer la voluntad de Dios nos ayuda a orar.

Pablo también parece tener una mezcla de afecto natural por estos norteños campechanos combinado con el amor *agapē* que proviene de forma directa del corazón de Jesús. El afecto natural es con frecuencia una guía que indica por quién hemos de orar. El amor sobrenatural es el fuego que lo mantiene encendido. Hoy en día valoramos el amor y desvalorizamos la oración. En aquellos días, cuando uno amaba, oraba. En Pablo vemos a un hombre que vivía tan cerca de Jesucristo que amaba con el amor de Cristo así como con el de sus propios lazos naturales de amistad.

El amor ayuda a la oración.

Eterno Dios, permanezco asombrado ante tus propósitos para los creyentes a lo largo de la historia, en la actualidad y en la eternidad. Que tu fidelidad inconmovible inspire mi oración llena de amor por mis amigos cristianos y mis relaciones. Amén.

Los pedidos de Pablo en oración

Día 32: La oración por amor abundante

> Esto es lo que pido en oración: que el amor de ustedes abunde cada vez más.
>
> Filipenses 1:9

La oración de Pablo por los filipenses se concentra en dos grandes temas: amor y fruto, y desarrolla ambos al meditar y al ofrecer su oración a Dios.

El amor es la prioridad número uno. No un sentimiento, ni la afición ni el deseo, sino el verdadero amor. El amor *agapē* significa la manifestación de toda la personalidad en servicio sacrificial. El amor de Dios es así. Él no se mostró sentimental con respecto al mundo, ni sentía afición ni le gustaba ni manifestaba algún tipo de lujuria con relación a este, no, él lo amaba. Por eso envió a su amado Hijo a morir y a resucitar por nosotros, de manera que podamos ser libres para responder a esa generosidad jamás soñada. No nos sorprende que los primeros cristianos hayan prácticamente inventado la palabra *Agapē* para referirse a esa clase de amor. No había nada que se le pareciera en el mundo antiguo. *Agapē* significa la unión de nuestro corazón con el objeto de nuestro amor, y la devoción de nuestra vida hacia el bienestar de esa persona. Dios es así en su amor, y esta es la marca suprema del Maestro en el discípulo. Es la evidencia contundente de que nuestra profesión cristiana es real. Por eso Pablo oraba para que hubiera amor en la iglesia de Filipos. Este es el parámetro de la pertenencia.

Él ora por el *amor abundante*. Quizás Pablo reflexiona en un gran río que desborda de sus márgenes e inunda los campos aledaños. Él ansía ver en los filipenses un amor cristiano que alcanza no a algunos sino a todos; no en forma ocasional sino en forma habitual; no de palabra sino de acción. No podemos hacer nada para producir un amor como ese. Hace falta un continuo abastecimiento del manantial que se halla en el mismo corazón de Dios.

Él también ora por un *amor que crece*. El progreso es una parte esencial de la vida. Por cierto se halla en el discipulado cristiano. Como cristiano, uno no puede permanecer estático, como tampoco puede alguien permanecer así sobre una bicicleta. El amor es el idioma de la divinidad. Es imposible tener demasiado de él. Nuestro progreso en la vida cristiana está marcado por el progreso en el amor por sobre todo lo demás. Ese amor no es una cuestión emocional. Tiene un aspecto cognitivo y uno práctico, según lo deja establecido Pablo en su oración.

Amado Señor y Salvador, te alabo por tu amor sacrificial por todo el mundo. Te ruego que este amor fluya en el corazón de mi comunidad eclesial y que sea una marca en mi vida. Amén.

Día 33: La oración por un conocimiento más profundo acerca de Cristo

> Esto es lo que pido en oración: que el amor de ustedes abunde cada vez más en conocimiento y en buen juicio, para que disciernan lo que es mejor.
>
> Filipenses 1:9-10

El amor y el conocimiento no son enemigos, ¡al contrario! Por eso Pablo ora para que el amor de los filipenses produzca un conocimiento más profundo de Cristo. La palabra que aquí se usa para «conocimiento», *epignōsis*, no se refiere a la competencia académica, sino que significa un conocimiento de Jesús de una manera profunda y personal. El amor que ha sido profundizado por el conocimiento creciente de Jesús desarrollará el discernimiento en forma gradual. Si hemos aprendido a amar a Jesús, seremos cada vez mejores para distinguirlo bajo el manto de los eventos cotidianos, y hallaremos una creciente decisión por él en nuestra vida, junto a un deseo de buscar su placer. El término griego utilizado aquí significa que uno debe «discriminar entre cosas distintas»: necesitamos de esa discriminación en este mundo tan confuso. También podría significar que uno «apruebe las cosas que son excelentes». La discriminación genuina guía al creyente a tomar decisiones importantes en las que se busca lo que es mejor para Dios ante cada situación.

Existe una profunda lógica interna en esta oración. Si aumenta en nosotros un amor que produce conocimiento discriminador, estaremos listos para encontrarnos con el Señor en el «día de Cristo». Este día puede ser cuando muramos o quizás seamos parte de la generación que verá el regreso de Jesús. En ambos casos, será decisivo. Si a pesar de que no podemos verlo hemos aprendido a distinguirle y a agradarle entre los sucesos usuales y los desafíos cotidianos de personas comunes, con mayor rapidez lo reconoceremos en aquel día.

Señor Jesús, al crecer en el conocimiento y en el amor por ti, mi enfoque se centra en tu participación en mi vida y en el mundo. Te pido que tanto yo como mis seres queridos busquemos siempre tu voluntad en todo lo que hacemos, como preparación para la eternidad. Amén.

DÍA 34: LA ORACIÓN POR UNA VIDA PURA E IRREPROCHABLE

> Esto es lo que pido en oración: que el amor de ustedes abunde cada vez más en conocimiento y en buen juicio, para que disciernan lo que es mejor, y sean puros e irreprochables para el día de Cristo.
>
> Filipenses 1:9-10

Como preparación para el día en que nos encontraremos con Cristo, se nos pide que seamos puros e irreprochables, que manifestemos la rectitud con la que Jesús nos ha investido con generosidad cuando comenzamos a seguirlo.

De manera que Pablo ora para que los motivos de los filipenses sean «puros». En este caso, la palabra *eilikrinēs* significa «sincero» o «juzgado a la luz del sol». Resulta interesante que ambas traducciones nos refieran a la práctica ancestral de la apicultura: la miel necesita ser «sincera» (del latín «sin cera») y eso se analiza cuando se mantiene la miel a la luz del sol para observar si existen partículas de cera en el producto. ¡Qué bella imagen! Pablo ansía que sus motivos sean tan puros como la miel refinada. Y eso sucede cuando en cualquier asunto incierto le damos al Señor el beneficio de la duda y confiamos en él.

Pablo también está preocupado por las acciones de los filipenses. Ellos deben ser irreprochables, *aproskopoi*, «no ser piedras de tropiezo». Se espera que nuestra vida sea un escalón que lleve hacia Cristo, y no una piedra de tropiezo. Esa palabra, «no ser piedras de tropiezo», puede usarse tanto en voz activa como pasiva, por lo que significa tanto «no ofender» como «no ser ofendido». Una tiene que ver con la otra. No podremos presentarnos ante Cristo con ecuanimidad en aquel día si nuestras acciones hicieron tropezar a los pequeñitos de Dios (2 Corintios 5:10). Nosotros también enfrentaremos el juicio.

Dios justo, mi vida parece estar demasiado lejos de la pureza a la que nos llamas. Por favor, refina mis pensamientos y mis acciones de manera que pueda ser un verdadero testigo para aquellos que te vayan a seguir. Amén.

DÍA 35: LA ORACIÓN POR EL FRUTO DE LA PREDICACIÓN

> Esto es lo que pido en oración: que el amor de ustedes abunde cada vez más en conocimiento y en buen juicio, para que disciernan lo que es mejor, y sean puros e irreprochables para el día de Cristo, llenos del fruto de justicia que se produce por medio de Jesucristo, para gloria y alabanza de Dios.
>
> Filipenses 1:9-11

Si el amor en toda su dimensión es una de las grandes preocupaciones del apóstol con respecto a sus convertidos, el fruto es la otra. Una vida no fructífera es un insulto a Dios y algo sin atractivo para los hombres. Dios es como un jardinero que viene a buscar el fruto. Y cuando encuentra vidas como la higuera estéril de la que se habla en los Evangelios, envía su justo juicio, su maldición.

Junto con el fruto de vidas santas, motivos puros y bondad práctica, Pablo ansiaba ver en los filipenses el fruto de las almas alcanzadas. Queda claro que intentaban hacerlo, pero algunos predicaban a Cristo «por envidia y rivalidad», mientras que otros lo hacían «con buenas intenciones» (Filipenses 1:15 y siguientes). Aun así lo hicieron, y Pablo se regocijó por ello. Pablo no buscaba clones de sí mismo, sino discípulos de Jesús.

El ejemplo de predicación de Pablo cuando estaba en prisión les dio confianza a los filipenses, y eso permitió que las buenas nuevas se difundieran por toda la guardia pretoriana, las principales tropas del imperio romano, una de cuyas funciones era cuidar de los prisioneros importantes (vv. 12-14). Las rejas y los grilletes no pudieron evitar que Pablo esparciera el evangelio. Eso era su vida y fue efectivo. Al final de esta carta, el pueblo de Dios junto a Pablo enviaron sus saludos a los filipenses «especialmente los de la casa del emperador» (Filipenses 4:22). ¡Cuán fructífero había sido el evangelio en sus labios!

Predicar es el alma del cristianismo. No tiene nada que ver con la personalidad ni con la denominación. Dios espera este doble fruto de todos nosotros: una vida santa y la mirada puesta afuera. Y, gloria sea a Dios, él nos capacita para conseguirlo «por medio de Jesucristo». ¡Con cuánta frecuencia y con qué facilidad nos damos por vencidos! Debemos orar por los demás en cuanto a esto, tal y como lo hizo Pablo desde la cárcel. Y debemos pedirle a otros que oren por nosotros también en cuanto a este tema.

Amado Padre, te ruego que llenes mi iglesia de la vida de tu evangelio, para que así tengamos la confianza y la energía de Pablo al alcanzar a otros para ti. Que todo sea para tu gloria. Amén.

La meta de Pablo en la oración

DÍA 36: COOPERAR CON DIOS EN LA ORACIÓN

> Esto es lo que pido en oración: que el amor de ustedes abunde cada vez más en conocimiento y en buen juicio, para que disciernan lo que es mejor, y sean puros e irreprochables para el día de Cristo, llenos del fruto de justicia que se produce por medio de Jesucristo, para gloria y alabanza de Dios.
>
> Filipenses 1:9-11

Las palabras finales de esta gran oración son importantes. Pablo no abriga ilusiones de crear un imperio para su propia gloria en Filipos, ni tampoco ora solo por el bien de sus amigos. ¡Lo que más ansía es la gloria de Dios!

Él desea que la gloria de Dios brille como un faro de manera que todos los que la vean se sientan atraídos. Y allí, en aquella colonia romana plagada de guerreros endurecidos por las batallas, tanto hombres como mujeres verían la gloria de Dios como Pablo, y adorarían al Altísimo por todo lo que es.

En última instancia, Pablo procura nada más y nada menos que la creación vuelva a estar en contacto con su Creador, un mundo en el que la voluntad de Dios se cumpla en la tierra como en el cielo. Así es como el Maestro nos enseñó a orar. ¿No deberían los discípulos hacer que esta sea su meta suprema para cooperar en cierta medida a través de las oraciones con el grandioso diseño cósmico del Creador?

Dios Creador, te alabo por la vida de aquellos por medio de quienes tu gloria brilla, y te pido que tanto yo como mi familia cristiana nos mantengamos en contacto contigo y con tu voluntad para que podamos servirte en tu grandioso diseño. Amén.

DÍA 37: UNA ORACIÓN POR ALEJANDRO

> Alejandro el herrero me ha hecho mucho daño. El Señor le dará su merecido. Tú también cuídate de él, porque se opuso tenazmente a nuestro mensaje. En mi primera defensa, nadie me respaldó, sino que todos me abandonaron. Que no les sea tomado en cuenta. Pero el Señor estuvo a mi lado y me dio fuerzas para que por medio de mí se llevara a cabo la predicación del mensaje y lo oyeran todos los paganos. Y fui librado de la boca del león. El Señor me librará de todo mal y me preservará para su reino celestial. A él sea la gloria por los siglos de los siglos. Amén.
>
> 2 Timoteo 4:14-18

Estas oraciones son más una afirmación que una oración; sin embargo, conservan la estructura de las oraciones de Pablo, en las que se habla de varias ideas acerca de Dios para terminar con una alabanza de todo corazón. También pueden ayudarnos en nuestras propias oraciones cuando enfrentamos oposición y dificultades.

Lo que Alejandro hizo para causarle daño a Pablo jamás lo sabremos. Es probable que haya sido un líder del gremio de los trabajadores del metal que estaba enojado por la predicación de Pablo en contra de la idolatría, ya que eso afectaba su negocio.

Encontramos esa clase de sentimientos aflorando en Éfeso unos pocos años antes, en la famosa escena descrita de forma maravillosa por Lucas en Hechos 19. Como sea, Pablo había encontrado en Alejandro un peligroso oponente.

Algunos de los manuscritos rezan: «El Señor le pague conforme a sus hechos», como en la RVR95; pero los mejores manuscritos lo enuncian como un hecho solemne: «El Señor le dará su merecido». Podemos dejar la venganza en las manos del Señor porque él pagará, a su tiempo y a su manera, según su justicia divina (Romanos 12:19). De manera que no se trata de una oración para que reciba lo que merece sino de una declaración de la asombrosa realidad de que Dios juzgará un día y de que podemos dejar nuestros errores en manos de aquel que es Justicia incorruptible y Amor perfecto.

La actitud perdonadora de Pablo hacia todos aquellos que lo abandonaron se observa con claridad en el versículo 16: «Que no les sea tomado en cuenta». Dicha actitud hace que su mente se eleve por encima de la situación de injusticia y soledad para concentrarse en la fidelidad y el propósito de Cristo: «Que por medio de mí se llevara a cabo la predicación del mensaje». Con la certeza de su seguridad pasada, presente y futura en Cristo, él le da toda la alabanza a Dios.

Señor perdonador, dame gracia con aquellos que me han dañado, haciéndome consciente de tu misericordia hacia mí. Permíteme descansar en la confianza de que en tu perfecta justicia te ocuparás de quienes me hicieron daño, para que no me sienta solo ni abandonado, sino a salvo en la inquebrantable seguridad que tú me das. Amén.

Cuarta parte

Oración por el campo misionero

Oración por los colosenses

Día 38: La preocupación de Pablo por Colosas

> Quiero que sepan qué gran lucha sostengo por el bien de ustedes y de los que están en Laodicea, y de tantos que no me conocen personalmente.
>
> Colosenses 2:1

Para la mayoría de nosotros la oración por la labor misionera es sumamente difícil. Nos cuesta proyectarnos hacia un país extranjero, con un idioma distinto, diferentes costumbres y otro estilo de vida. ¿Cómo deberíamos orar por esas personas? ¿Cómo deberíamos orar por quienes salieron de nuestro país a predicar el evangelio en otros continentes? Con demasiada frecuencia, cuando oramos por los cristianos que no conocemos, de tierras desconocidas, recurrimos a la oración vaga y global: «Señor, bendícelos». Eso no fue así con el apóstol Pablo.

Él escribe desde la prisión, quizás la de Roma. Contaba con un reducido grupo de amigos cristianos que, en apariencia, tenían libertad de ir adonde quisieran. Y él envía a dos de ellos a una iglesia que no conocía, la iglesia cristiana de Colosas, ciudad situada en el valle del Lico, en el camino principal que va de Éfeso hacia el este. No sabemos cuándo comenzó Colosas a responder al evangelio de Cristo, pero quizás fuera durante la primera mitad del siglo primero cuando Pablo ejercía la mayor influencia en Éfeso, en el tiempo que predicaba con audacia y persuasión todos los días acerca de las nuevas de Jesús. Se nos dice: «Esto continuó por espacio de dos años, de modo que todos los judíos y los griegos que vivían en la provincia de Asia llegaron a escuchar la palabra del Señor» (Hechos 19:10).

Uno de los amigos de Pablo, Epafras, desempeñó un papel de liderazgo en la plantación de iglesias y fue también quien le trajo las noticias acerca de la iglesia de Colosas que motivaron esta carta (Colosenses 4:12). Pablo anhelaba reunirse con los cristianos de aquel lugar, y su oración por ellos es un excelente ejemplo de la manera en que intercedió con poder e imaginación por las misiones y por los creyentes que eran unos extraños para él.

Poderoso Señor, te agradezco por la manera en que usaste a Pablo para comenzar las misiones mundiales y por su fidelidad en la oración por las iglesias que jamás había visto. Por favor, te ruego que me muestres cómo orar de manera significativa por los cristianos y los misioneros de todo el mundo, por el bien del evangelio. Amén.

Las características de la oración de Pablo

Día 39: La oración persistente

> Desde el día en que lo supimos no hemos dejado de orar por ustedes. Pedimos que Dios…
>
> Colosenses 1:9

Varias son las cosas que surgen cuando leemos una oración como esta e intentamos ponernos en los zapatos de Pablo mientras yacía allí en prisión. Su oración fue instantánea. Apenas recibió las novedades de parte de Epafras, oró. He aquí a un hombre que lleva todo a Dios en oración. No esperó hasta el momento devocional vespertino, sino que oró allí mismo y en ese instante.

Su oración era consciente de los hechos: estaba informado. Podemos imaginarlo conversando con entusiasmo con Epafras, ansioso por extraer toda la información posible acerca de esta entusiasta iglesia nueva que, no obstante, revelaba tendencias peligrosas. Para que nuestras oraciones sean efectivas, en especial por aquellos que no conocemos, es importante estar informados. Con respecto a esto, los vídeos, los diarios de oración misioneros, y las amistades personales con aquellos que conocen el lugar por el que oramos, son elementos valiosísimos.

Su oración fue persistente. Él oró una y otra vez. No oró una vez por ellos para luego olvidarse del tema. Él intercedió de manera constante. Dios tiene sus propios motivos para demorar una respuesta a nuestra oración. A veces es para poner a prueba nuestra sinceridad, para ver si en realidad deseamos aquello por lo que hemos orado.

Su oración estuvo llena de amor. Al menos eso es lo que a mí me sugieren las palabras «orar» y «pedir». Lo decía muy en serio porque se preocupaba por ellos. La oración verdadera es un desbordar de amor dirigido hacia Dios y hacia el hombre.

Su oración era colectiva. Había reunido a Epafras, Onésimo, Tíquico y Aristarco para orar por la situación de Colosas (Colosenses 4:7 y siguientes). Hubiera sido fabuloso poder ser un insecto para colarse en la escena y presenciar esas reuniones de oración. La unidad en el espíritu, el fervor y el amor nos habrían impactado. La oración no necesita ser solitaria o confinada al marco litúrgico. ¡Estas oraciones eran colectivas, informales y, sin dudas, sumamente incómodas en el piso de una cárcel romana!

Amado Dios y Padre, te pido que traigas a mi mente a aquellas personas del mundo por las que deseas que ore. Te ruego que me des pasión por su cultura y un profundo amor por sus iglesias. Enséñanos, a mí y a mis amigos, a interceder de manera constante por las mismas, para que podamos ver tu fidelidad para con ellos y para con nosotros en la obra. Amén.

DÍA 40: LA ORACIÓN AGRADECIDA Y COSTOSA

> Siempre que oramos por ustedes, damos gracias a Dios, el Padre de nuestro Señor Jesucristo, pues hemos recibido noticias de su fe … y del amor … [y] de esta esperanza.
>
> Colosenses 1:3-5

La oración de Pablo por los colosenses es *agradecida*. Expresa una gratitud de corazón hacia Dios porque ellos hayan confiado su vida a Cristo, porque hayan comenzado a manifestar su amor y porque el evangelio esté «dando fruto y creciendo» en medio de ellos (v. 6).

Al mismo tiempo, su oración es *generosa* y desinteresada. Él no descarga sus propios problemas sobre los colosenses, a pesar de lo grandes que estos sean. Estaba solo, con frío, hambriento, encarcelado e imposibilitado para continuar con su vocación. Sin embargo se encontraba preocupado por ellos, por su bienestar y su crecimiento. Si nos concentramos demasiado en nuestras cosas jamás creceremos en madurez ni en empatía: llegaremos a pensar que el mundo gira a nuestro alrededor y terminaremos consumidos.

Y lo que es más, la oración de Pablo es costosa. Cuando se expresa en el 2:1 acerca de la «gran lucha [que] sostengo por el bien de ustedes», emplea una palabra llena de fuerza (*agōn*) que significa literalmente una batalla o una contienda. Es la misma palabra que emplea Jesús cuando ora con intensa pasión en el huerto de Getsemaní. La oración es una ardua tarea. No es ardua solo porque somos perezosos, débiles u olvidadizos, sino también porque hay un gran obstáculo externo para la oración. Satanás es real. Hay una guerra declarada. La oración mantiene las líneas de comunicación abiertas con Dios, la única fuente de nuestra fortaleza, y por esa razón será atacada sin pausa por el enemigo de las almas. Si él consigue separarnos de Dios, nos tiene a su merced.

Necesitamos despertar frente a la vital importancia de la oración decidida que confronta los poderes de la oscuridad (compare Efesios 6:10-20) y que afloja la garra invisible que sujeta tanto a las personas como a las circunstancias. Aunque para nuestra mente escéptica y secularizada esto nos parezca sumamente extraño, la oración implica una batalla espiritual. Los más dispuestos a entrar en esta batalla son los que ven sus oraciones respondidas con mayor frecuencia.

Misericordioso Padre, te agradezco por el asombroso crecimiento de las iglesias en el mundo, con frecuencia en medio de la persecución. Te ruego que protejas a mis hermanos y hermanas en Cristo que se encuentran en lugares alejados para que puedan ser maduros en ti, para que al orar unos por los otros el poder de tu mano sea evidente en todo el mundo. Amén.

Los temas de la oración de Pablo

DÍA 41: LA ORACIÓN POR EL ENTENDIMIENTO DE LA VOLUNTAD DE DIOS

> Pedimos que Dios les haga conocer plenamente su voluntad con toda sabiduría y comprensión espiritual.
>
> Colosenses 1:9

Resulta fascinante ser testigos de la oración de Pablo por esta iglesia de extraños. No pidió: «Señor, bendice a los colosenses», o «Presentamos ante ti a la iglesia de Colosas», sino que realizó una intercesión impactante y específica. Y así es como lo hizo: oró por conocimiento, obediencia y fortaleza.

Nada podía ser más importante para el cristiano que el conocimiento de la voluntad de Dios. Esta fue la tónica de la vida de Jesús: «No me ha dejado solo el Padre, porque yo hago siempre lo que le agrada» (Juan 8:29, RVR95). Al enfrentar el atroz destino de la cruz, y al experimentar la sensación natural de volverse atrás, oró así: «No se cumpla mi voluntad, sino la tuya» (Lucas 22:42). Y enseñó a sus discípulos a orar: «Hágase tu voluntad en la tierra como en el cielo» (Mateo 6:10). Esa debiera ser la meta de nuestra vida.

Y sin embargo, esto es muy difícil. Desearíamos conocer la voluntad de Dios sobre tal o cual tema. Nos gustaría poder leerla de manera instantánea como se nos presentan los resultados de una búsqueda en la Internet. Pero todos sabemos que no es así; no obstante, el interrogante acerca de la voluntad de Dios no es algo tan oscuro tampoco. Una gran parte de su voluntad nos ha sido revelada en la Biblia. Allí tenemos más que suficiente para poner en práctica.

A medida que nosotros y aquellos por los que oramos estudiamos la Biblia de manera constante, tendremos una conciencia creciente de la voluntad de Dios. Tiene sentido que oremos para que aquellos que han aceptado la fe puedan darse cuenta del propósito para el que Dios los ha llamado y puedan discernir su voluntad divina para la vida de cada uno. No debemos evitar el conocimiento, más bien debemos darle la bienvenida siempre y cuando no derive en arrogancia sino en obediencia. Es más, el pleno conocimiento es la mejor prevención contra el error.

La sabiduría cristiana (*sophia*) y la sagacidad de la percepción cristiana (*sunesis*) son dos de las más exquisitas bendiciones que Dios puede otorgarnos. Esta comprensión general de su voluntad, esta percepción ocasional de sus divinos propósitos, por lo general proviene del estudio paciente y diario de la Palabra de Dios, así como de la disposición a obedecerla. Esa es la clase de personas a la que Dios puede revelarle su voluntad. Orar por este conocimiento por medio de la sabiduría y el entendimiento es una de las cosas más importantes que podemos hacer por los demás, los conozcamos personalmente o no.

Amado Señor, me cuesta mucho ser paciente y esperar en tu voluntad. Te ruego que me des el deseo y la disciplina de leer tu Palabra de manera constante para poder aprender acerca de tus propósitos. Te ruego que les des a los cristianos de este país y del exterior una cabal comprensión de tu voluntad, para que puedan caminar contigo con fidelidad. Amén.

DÍA 42: LA ORACIÓN POR OBEDIENCIA A LA VOLUNTAD DE DIOS

> Pedimos que Dios les haga conocer plenamente su voluntad con toda sabiduría y comprensión espiritual, para que vivan de manera digna del Señor, agradándole en todo.
>
> Colosenses 1:9-10

El conocimiento jamás tiene un fin en sí mismo. Se espera que conduzca a la obediencia. Dios no nos revela muchas cosas que nos encantaría saber, sino que nos muestra la luz necesaria para caminar. No se compromete a responder a nuestras preguntas especulativas: «¿Por qué tenemos que sufrir?» o «¿Qué sucede con los que no escucharon el evangelio?» Sencillamente espera que obedezcamos su verdad. Su responsabilidad es revelarnos su voluntad y la nuestra es obedecerla. Pablo desea que los colosenses conozcan el propósito de Dios para su vida y quiere que lo cumplan. Él resume brevemente en una oración la vida de una persona que obedece la voluntad de Dios.

Deberá ser una vida *coherente*, merecedora del Señor, una vida de la que Jesús pueda sentirse orgulloso. Si la gente de la iglesia se condujera de esa forma, habría una ansiedad enorme por parte de la sociedad de conocer los motivos. ¡Qué excelente manera de orar por los demás es pedir que puedan tener vidas dignas de Jesucristo!

Deberá también ser una vida *sensible*, agradable por completo a él. Aquí hay un maravilloso criterio de la verdadera ética cristiana. No consiste en una obediencia servil e incondicional a un libro de instrucciones, sino en la amante devoción a una persona. Resulta significativo que el Nuevo Testamento sea muy breve en cuanto a las órdenes éticas específicas, pero esta idea de buscar agradar a Jesús en todo lo que hacemos es central. Es maravillosamente flexible: permite una amplia variedad de personalidades y percepciones acerca de Jesús. Es maravillosamente liberadora: no es una ley sino una relación de amor. Además es maravillosamente creativa: si en realidad deseamos agradarle en todo lo que hacemos, surgirán toda clase de nuevas iniciativas. No debemos estar atados al pasado, sino ser libres. Según las palabras de San Agustín: «Ama a Dios y haz lo que te plazca». El mundo necesita de cristianos con esa clase de libertad. Haríamos bien en orar por ellos.

Amado Dios, al iluminar la senda de los misioneros y las iglesias de todo el mundo, te ruego que moldees a tu pueblo para que responda a tu Palabra en amorosa obediencia. Que vivamos vidas dignas de ti y nos sintamos libres para agradarte en todo lo que hacemos. Amén.

DÍA 43: LA ORACIÓN POR VIDAS QUE PERMANEZCAN EN CRISTO

Pedimos que Dios les haga conocer plenamente su voluntad ... para que vivan de manera digna del Señor, agradándole en todo. Esto implica dar fruto en toda buena obra, crecer en el conocimiento de Dios.

Colosenses 1:9-10

La persona que obedece la voluntad de Dios debería llevar una vida *fructífera*. «Fructífera» es una palabra evocadora. Nos hace pensar en árboles cargados de frutos que cumplen el propósito de su existencia. Necesitamos orar para que tal fructificación se haga realidad.

El fruto en el Nuevo Testamento se usa principalmente para describir las cualidades del carácter que surgirán al mantenernos en estrecha relación con Cristo. «Amor, alegría, paz, paciencia, amabilidad, bondad, fidelidad, humildad y dominio propio». Estos son el «fruto» o la «cosecha» producida por el Espíritu de Jesús que habita en nosotros (Gálatas 5:22-23). De la misma manera, cuando ayudamos a otros a que acudan a Cristo, se trata también de un «fruto» o «cosecha», por eso Pablo ora para poder ir a Roma a «recoger algún fruto» entre ellos (Romanos 1:13). Sin embargo, en nosotros no se hallará ningún fruto del carácter ni del evangelismo a menos que permanezcamos en

Cristo, la Vid (véase Juan 15:1-17). Separados de él somos solo ramas muertas.

La persona obediente a Dios tendrá también una vida más *profunda,* como hemos visto en los filipenses. ¡Qué triste es ver a cristianos que murieron hace dos o tres décadas con las mismas ideas antiguas y prejuicios del pasado! Es muy posible que las personas permanezcan espiritualmente estancadas. El agua de vida con la que el cristiano fue renacido se congela y él con ella. Esto es justo lo contrario de lo que Dios desea. El Señor anhela que crezcamos en nuestro conocimiento de él, no solo de su voluntad.

En el islamismo, Alá revela su voluntad al hombre mortal, pero jamás revela su persona. No obstante, eso es lo que el Dios revelado en las Escrituras se deleita en hacer. A medida que pasan los años, desea que lo conozcamos de forma profunda e íntima. ¡Qué importante es entonces orar para que esto sea una realidad en la vida de aquellos por quienes intercedemos!

Padre celestial, te alabo por el poder de tu Espíritu que nos transforma para que seamos fructíferos en nuestro carácter y propósito. Te ruego que le des vida a tu iglesia al crecer en el conocimiento personal de ti. Amén.

Día 44: La oración por el poder transformador de Dios

> Pedimos que Dios les haga conocer plenamente su voluntad ... para que vivan de manera digna del Señor ... [para] dar fruto en toda buena obra ... [y] ser fortalecidos en todo sentido con su glorioso poder. Así perseverarán con paciencia en toda situación, dando gracias con alegría al Padre.
>
> Colosenses 1:9-12

Conocimiento, obediencia, fortaleza... ¡qué trío de cualidades espirituales! Pablo es bien consciente de que el Señor capacita para lo que ordena. Él no nos pide lo imposible. Una de las cosas más asombrosas acerca de Dios es que establece los niveles más altos y luego nos ofrece el poder para al menos comenzar a conseguir ese nivel, aunque el proceso sea lento.

En primer lugar, notemos la *amplitud* de este poder. Es ilimitado, «conforme a la potencia de su gloria» (RVR95). No es una posibilidad mediocre, sino que es el obrar de la gloria de Dios que capacita a débiles pecadores para que compartan esa misma gloria. «Gloria» es una palabra de profundo significado en la Biblia: en el Antiguo Testamento tiene un matiz de peso y solidez, mientras que en el Nuevo tiene un dejo de luz y esplendor. Ambos, la luz y el esplendor, son claros atributos de Dios mismo. Y él tiene incluso el poder de comenzar la transformación de un material tan incorregible y obstinado como nosotros en dirección a la gloria.

Segundo, notemos el *efecto* de este poder. El mismo da como resultado «paciencia en toda situación, dando gracias con alegría». Cuando el poder de Dios entra en nuestro corazón no nos hace ser engreídos sino humildes. No produce arrogancia sino una fortaleza paciente y llena de gozo: es la fortaleza de los prisioneros que languidecen en la cárcel por causa de Cristo; la paciencia de los misioneros que trabajan en situaciones en las que ven muy poco fruto; el gozo de personas como Teresa de Calcuta que, en términos humanos, tenía tan poco por lo cual gozarse. Estas son las manifestaciones del poder que Dios desea infundir a sus hijos. Dicho poder transforma vidas.

Estos tres grandes pedidos, de conocimiento, obediencia y fortaleza, son sumamente específicos pero se aplican a los cristianos de todas partes, incluso son para aquellos por quienes se nos solicita orar pero que no conocemos. No hay nada de impreciso en ellos sino que están arraigados en la propia revelación de Dios en las Escrituras. Y están llenos de amor, el amor con el que el Padre revestía a Pablo cada día. Necesitamos que esa clase de oración repercuta en todo el mundo.

Todopoderoso Dios, te alabo por tu poder ilimitado para transformarnos para tu gloria. Te ruego que los misioneros y los cristianos perseguidos que conozco sean fortalecidos con paciencia y gozo en las dificultades que enfrentan, que puedan conocer tu amor. Amén.

La conclusión de la oración de Pablo

DÍA 45: GRATITUD GOZOSA

> … dando gracias con alegría al Padre. Él los ha facultado para participar de la herencia de los santos en el reino de la luz. Él nos libró del dominio de la oscuridad y nos trasladó al reino de su amado Hijo, en quien tenemos redención, el perdón de pecados.
>
> Colosenses 1:12-14

Pablo finaliza su oración igual que como comienza su reflexión acerca de estos cristianos de Colosas: con acción de gracias. Esto era algo absolutamente natural en él. Gratitud antes de orar y gratitud al finalizar. Es una excelente costumbre para cultivar. La alabanza y la acción de gracias tienen muchos efectos. Nos hacen ser agradecidos y nos recuerdan la grandeza de Dios y nuestra pequeñez. Nos mantienen expectantes por las respuestas a las oraciones. La gratitud cuando oramos por otros nos capacita para mantener un registro mental del crecimiento que obtuvieron y nos alienta a seguir pidiendo. Y la alabanza nos da un verdadero sentido de la presencia y la victoria de Dios en nuestra vida.

Pablo agradece a Dios en primer lugar por la *nueva posición* de los colosenses. El Padre los ha calificado para que sean parte de la herencia de los santos en luz. Los «santos», según su descripción, se aplica en el Nuevo Testamento a todos los cristianos, a las personas que son «apartadas» para él. Acostumbraban a habitar en el mundo de la oscuridad y ahora que han venido a Cristo descubrieron una herencia jamás soñada. Viven en el mundo de Dios, la tierra de la luz. Tienen una nueva dirección espiritual, una nueva categoría, una nueva ciudadanía. Esto es algo en lo que pueden estar seguros porque es Dios quien los ha capacitado.

Segundo, Pablo agradece a Dios por el *poderoso Salvador*. Es decisivo y enérgico al describir el cambio que su conversión produjo. En vez de límites, libertad. En vez de oscuridad, luz. En vez de separación de Dios, la herencia con los santos. En vez de una culpa insoportable, el perdón de pecados.

¡Qué oración! ¡Qué acción de gracias! Y todo por personas a quienes jamás conoció, mientras estaba en la cárcel pensando en ellos y orando por ellos. Tenemos aquí un verdadero estímulo para orar por las misiones.

Poderoso Salvador, te doy muchas gracias gozoso por los millones de hermanos y hermanas en Cristo de todo el mundo. Que juntos podamos conocer el perdón y la libertad de nuestra herencia, para que podamos ser apartados para ti y vivir en el reino de la luz. Amén.

DÍA 46: UNA ORACIÓN POR FILEMÓN

> Siempre doy gracias a mi Dios al recordarte en mis oraciones, porque tengo noticias de tu amor y de tu fidelidad hacia el Señor Jesús y hacia todos los creyentes. Pido a Dios que el compañerismo que brota de tu fe sea eficaz para la causa de Cristo mediante el reconocimiento de todo lo bueno que compartimos.
>
> Filemón 4-6

Filemón era un rico hacendado que vivía en Colosas, o justo en las afueras de la ciudad, y Pablo le escribió a través del mismo mensajero (Tíquico) que entregó la carta a los colosenses. Pablo había guiado a la fe en Jesucristo a Filemón hacía algún tiempo. Más tarde, uno de los esclavos de Filemón (Onésimo) había escapado luego de robar mucho dinero y terminó, por esas ironías de Dios, en la misma cárcel que Pablo. De más está decir que Pablo lo llevó a Cristo y luego juntos enfrentaron el ríspido tema de lo que Onésimo debía hacer para poner las cosas en orden luego de su huida. Decidieron un plan impensable para la época: Onésimo regresaría para entregarse y a Filemón se le preguntaría si en vez de crucificar al esclavo fugitivo, como era la práctica normal de la época, no lo recibiría ya no como esclavo sino como hermano en Cristo. Ese es el revolucionario poder del evangelio, incluso en las situaciones sociales más estrictas y estructuradas.

Pablo antepone la oración a la acción. Una vez más vemos la recordación y la gratitud por todo lo que el Señor ha hecho al poner de su amor y su fe en el carácter de Filemón. Una vez más el énfasis está puesto en que el verdadero amor hacia Jesús debe manifestarse por un amor equivalente y verdadero hacia los demás. Sin embargo, ¿qué es lo que Pablo busca en su oración por el colega? El «compañerismo», *koinōnia*, es la palabra clave en todas las interacciones entre creyentes. Tenemos un mismo Señor, una misma fe y las mismas bendiciones. Aquí, Pablo confía en que la fortaleza de esa fe y ese amor que lo unían con Filemón en Cristo serían lo suficientemente poderosos para acoger a un esclavo fugitivo que también había hallado esa misma fe y ese mismo amor en Jesús. Pablo ansía que este hombre sea libre, pero en esta sutil carta se abstiene de pedirlo en forma específica. En cambio, prefiere pedir que la confianza que ambos tienen en la gracia liberadora del Señor Jesucristo, y la profunda reflexión en todas las cosas buenas que él anhela para sus seguidores, sean tan fuertes en Filemón como para que él comprenda que ante Dios todos somos como Onésimo.

¡Qué forma de orar por los colegas! En ocasiones tenemos que pedirles cosas difíciles y nos preguntamos si deberíamos hacerlo. A veces ellos están pasando por circunstancias difíciles y no saben qué hacer. El compañerismo es la respuesta. Necesitamos deleitarnos en la participación que ambos tenemos en Cristo, y orar para que el conocimiento de esto sea tan fuerte en ellos que Dios pueda guiarlos con gran claridad hacia lo que deberían hacer. ¡Esto es mucho mejor que orar por lo que *nosotros* pensamos que es mejor para ellos! Pablo está preocupado porque surja lo que *Jesús* considere mejor, seguro de que esto conducirá hacia la bendición de Cristo.

Amado Señor, te agradecemos por el perdón, la fe y las bendiciones que compartimos con nuestros hermanos en la fe. Que el amor que sentimos por ti nos una, para que trabajemos unidos para tu gloria. Amén.

Quinta parte

Oración por la iglesia en crecimiento

La oración por los efesios

Día 47: Absorto en la maravilla, el amor y la alabanza

> A los santos y fieles en Cristo Jesús que están en Éfeso … Alabado sea Dios, Padre de nuestro Señor Jesucristo.
>
> Efesios 1:1-3

Ahora encontramos a Pablo orando por los cristianos en general. Esto puede que no sea por completo evidente, porque encontramos su oración en el primer capítulo de Efesios, lo que hace pensar que la misma estaba dirigida a una iglesia específica. Sin embargo, es probable que este no sea el caso. Por alguna razón, las palabras «que están en Éfeso» del saludo faltan en varios de los manuscritos primitivos. Es más, la carta no hace referencia a la labor en Éfeso, donde Pablo pasó tres años, ni tampoco a particulares de esa iglesia. Además, en ciertos círculos se la conoce como la «carta a los laodiceanos».

Podemos imaginar que de todas maneras fue a Éfeso pero también a ciudades como Mileto, Laodicea y otras del oeste de la provincia de Asia. Efesios es un complemento de Colosenses, escrita por Pablo desde la cárcel, y enviada por medio del mismo mensajero: Tíquico. Muestra el origen y el desarrollo de la iglesia de Cristo que comenzaba a establecerse en el mundo.

De manera que, ¿cómo oraba Pablo por los cristianos a medida que estos comenzaban a ser un factor importante en el mundo? Esta oración extensiva de Efesios 1 puede dividirse en tres partes, la primera de la cual es la alabanza de corazón (vv. 3-14). Tres grandes temas se entrelazan en estos versículos: «en Cristo» se menciona cuatro veces; «de su voluntad» se menciona tres veces y «para alabanza de su gloria» o una frase similar, también tres veces. Ellos denotan la naturaleza, el origen y el propósito de nuestra vida respectivamente. ¡Cuán completo y abarcador es este evangelio que ellos recibieron al igual que nosotros!

Somos privilegiados de poder escuchar a un santo de Dios que derrama su corazón en alabanza por esta generosidad inimaginable de las buenas nuevas de Dios, que ha hecho nuevas criaturas tanto de hombres como de mujeres en todo el Imperio Romano y lo sigue haciendo hoy en el mundo. Hasta que nosotros mismos no tengamos cierta experiencia en quedarnos absortos en la maravilla, el amor y la alabanza, no haremos demasiados progresos en la escuela de la oración.

Amado Dios y Padre, te alabo por los propósitos que existieron desde antes de los tiempos, a través del pueblo de Israel, en la iglesia primitiva, los cuales siguen hoy en día y seguirán. Gracias porque tenemos un evangelio eterno que nos da vidas significativas y esperanza para el futuro. Que siempre pueda permanecer maravillado ante el grandioso plan del evangelio. Amén.

La alabanza de Pablo

Día 48: Alabanza por las bendiciones incalculables de Dios

> Alabado [o, *Bendito*, RVR95] sea Dios, Padre de nuestro Señor Jesucristo, que nos ha bendecido en las regiones celestiales con toda bendición espiritual en Cristo.
>
> Efesios 1:3

Una de las cosas más destacadas en esta parte inicial de la oración de Pablo es la manera en que la alabanza se centra en Dios mismo. En el Nuevo Testamento, con frecuencia se habla de Dios como «Bendito». La gente es bendita cuando recibe sus bendiciones divinas, y Dios es bendito cuando hombres y mujeres reciben su generosidad con amor y gratitud. Pablo extiende esta bendición del versículo 3 a siete bendiciones que Dios derramó sobre todos los cristianos del mundo, por lo que desea darle al Señor la gloria y la alabanza que merece.

En primer lugar, en este versículo vemos que Dios *nos ha bendecido* «con toda bendición espiritual» que viene envuelta «en Cristo». La riqueza de estas bendiciones es incalculable. La naturaleza de estas bendiciones es «espiritual», en oposición a la riqueza material que con frecuencia caracterizó la bondad de Dios en la época del Antiguo Testamento. Y estas bendiciones estuvieron a nuestra disposición a partir del momento en que recibimos a Cristo o fuimos bautizados en él. Ya nos ha bendecido con ellas. Depende de nosotros el acercarnos a las bendiciones de Cristo, de las que somos apenas conscientes.

¡Qué increíble pensamiento! Todas las bendiciones que Dios tiene reservadas para nosotros están latentes en el Cristo con el que todos los cristianos ya estamos relacionados. No hay una segunda (ni una centésima) bendición que podría ser añadida por encima de él. Estas bendiciones sencillamente cumplen en nosotros lo que Dios deseó para cuando nos convirtiéramos en seguidores de Cristo. No nos maravilla entonces que Pablo casi se trabara al alabar. Y así como menciona la palabra «bendición» tres veces en este versículo inicial, insiste del mismo modo en tres oportunidades en los versículos que siguen en que debemos también vivir «para alabanza de su gloria». La reciprocidad de su generosidad y nuestro estilo de vida sensible y receptivo apenas si podría quedar mejor definidos.

Bendito Señor, te doy gracias por la riqueza de las bendiciones espirituales que pones a nuestra disposición en Cristo. Muéstrame cómo puedo acercarme a ellas para así vivir plenamente para tu alabanza y tu gloria. Amén.

Día 49: Adoración por la costosa generosidad de Dios

Dios nos escogió en él antes de la creación del mundo, para que seamos santos y sin mancha delante de él. En amor nos predestinó para ser adoptados como hijos suyos por medio de Jesucristo, según el buen propósito de su voluntad, para alabanza de su gloriosa gracia, que nos concedió en su Amado. En él tenemos la redención mediante su sangre, el perdón de nuestros pecados, conforme a las riquezas de la gracia que Dios nos dio en abundancia con toda sabiduría y entendimiento.

Efesios 1:4-8

Pablo sigue revelando la naturaleza de las bendiciones que tenemos en Cristo.

La segunda es que *Dios nos escogió*. ¡Cuánto nos anima esto! En realidad, nosotros lo elegimos a él, pero al mirarlo en retrospectiva observamos que el Señor nos amó y nos escogió mucho antes de que pudiéramos aceptarlo. Pablo continúa su reflexión acerca de las razones por las que Dios nos escogió: para que seamos «sin mancha», con nada que nos condene; para que seamos «santos», su pueblo; y para que estemos «delante de él» y «en [su] amor». Además, seríamos para la alabanza de su gloria. Pablo se regocija en la visión y la generosidad de un Dios como este.

La tercera consiste en que *Dios nos adoptó*. Es como si nosotros fuéramos chicos de la calle con un historial criminal, y Dios en su amor no solo pagó nuestra fianza y limpió nuestro nombre sino que además nos adoptó en su propia familia junto a su único y santo Hijo. ¡Qué amor increíble! ¡Qué confianza y libertad nos da! Él nos ha escogido, incluso a nosotros, para pertenecer a su familia.

La cuarta radica en que *Dios nos rescató* de la carga de la culpa de nuestra maldad. «Redención» es una palabra evocadora. Para los hebreos habrá significado rescate de la culpa y la separación de Dios por medio de un sacrificio de sangre. Para los griegos habrá traído a la mente imágenes de esclavos liberados de sus cadenas al ser comprados por un nuevo amo. Esa libertad de la culpa y la esclavitud de lo malo fue inmensamente costosa. Le costó a nuestro Señor nada menos que «el perdón de los pecados», lo que se logró «por medio de su sangre» en la cruz. La cruz de Cristo nos conduce al corazón de Dios y hace que incluso los ángeles se inclinen en adoración.

Mi Salvador y Redentor, te doy gracias porque pusiste tu amor sobre mí y mis hermanos en Cristo hace mucho tiempo. Te alabo porque tu insondable propósito es hacernos santos y sin mancha, liberarnos de nuestros numerosos pecados por el sacrificio de tu propio Hijo en la cruz. Amén.

DÍA 50: CONFIANZA EN EL GRAN DISEÑO DIVINO

> Él nos hizo conocer el misterio de su voluntad conforme al buen propósito que de antemano estableció en Cristo, para llevarlo a cabo cuando se cumpliera el tiempo: reunir en él todas las cosas, tanto las del cielo como las de la tierra. En Cristo también fuimos hechos herederos, pues fuimos predestinados según el plan de aquel que hace todas las cosas conforme al designio de su voluntad, a fin de que nosotros, que ya hemos puesto nuestra esperanza en Cristo, seamos para alabanza de su gloria.
>
> Efesios 1:9-12

Uno podría pensar que estas cuatro bendiciones ya son suficientes. ¡Sin embargo, el apóstol nos ofrece dos más!

La quinta reside en que en su bendición *Dios nos iluminó*. Jesucristo, en quien estamos incluidos, es la llave de la vida, de la realidad, de todo el universo. Toda voluntad algún día hallará en él su cumplimiento, en el Cristo cósmico. Él es «el administrador del cumplimiento de los tiempos» (v. 10, en griego), y hará que todo lo que está en el cielo y en la tierra llegue a una armonía final. A nosotros nos resulta imposible imaginar cómo puede ser esto, o siquiera lo que podría significar... pero entonces podría habernos parecido también inconcebible ver a los judíos y a los gentiles unidos en un mismo «cuerpo de Cristo», o a los toscos rebeldes siendo reconciliados con un Dios santo. Ambas cosas son realidad por medio de Cristo. Eso nos da la enorme confianza de que al final de todas las cosas él tendrá la última palabra reconciliadora.

La sexta es que *Dios nos adquirió*. El Dios que obra para que todas las cosas cumplan el propósito de su voluntad nos ha destinado para ser su «herencia» (*klēros*). El Dios Creador del universo desea una sola cosa de sus herederos: la completa lealtad y una amorosa respuesta de pecadores reconciliados como nosotros. Sería maravilloso pensar que tenemos a Dios como nuestra herencia, pero eso no es lo que está por encima de todo en la mente del apóstol. ¡Él está atemorizado y asombrado por la idea de que *nosotros somos la herencia de Dios*! Lo que deberíamos preguntarnos es lo siguiente: «¿Disfruta él de su herencia o le estamos robando?»

Este es nuestro Dios. Este es su gran diseño. Él sabía lo que hacía. Lo planificó. Tiene el poder para hacer que ocurra. ¡Gloria a Dios! Incluso nosotros algún día seremos «para alabanza de su gloria».

Amado Dios Creador, te doy gracias porque revelaste tu voluntad de reconciliación por medio de Cristo, porque tenemos una esperanza futura y porque solo deseas mantenernos en ti para alabanza de tu gloria. Amén.

DÍA 51: CONFIANZA EN EL SELLO DE DIOS

> En él también ustedes, cuando oyeron el mensaje de la verdad, el evangelio que les trajo la salvación, y lo creyeron, fueron marcados con el sello que es el Espíritu Santo prometido. Éste garantiza nuestra herencia hasta que llegue la redención final del pueblo adquirido por Dios, para alabanza de su gloria.
>
> Efesios 1:13-14

Por último, en la descripción que Pablo hace de las siete bendiciones, *Dios nos ha sellado* con su Espíritu Santo. El Espíritu Santo, que había sido prometido en Joel y en Ezequiel, ha sido distribuido con generosidad desde Pentecostés a todos los miembros de la familia del Señor que oyeron y creyeron. Pablo ve en el Espíritu dos funciones especiales.

Primero, es un «sello», y el sello siempre ha sido desde la antigüedad una marca de propiedad. Marcamos una carta con un sello personal. Marcamos a nuestra oveja con un hierro candente especial. Lo hacemos para que los demás sepan a quién pertenecen. Y lo mismo sucede con Dios. Él nos da el Espíritu Santo para que sea evidente para todos de que hay algo diferente en nosotros. Somos su propiedad, su posesión.

La otra palabra que el apóstol emplea aquí, «garantía (LBLA) o arras (RVR95)», no es menos significativa. Se ve al Espíritu como una seña, un adelanto de todas las bendiciones futuras de Dios para nosotros. Todavía no tenemos todo lo que Dios planea darnos, pero tenemos el aval, la garantía del futuro de Dios en el Espíritu Santo que habita en nosotros. El cielo está fuera de nuestra visión, pero un trocito del cielo está dentro de nuestro corazón: el Espíritu Santo. Él es la prueba de que el Señor regresará un día para reclamar lo que le pertenece. No debe sorprendernos que en el griego moderno la palabra empleada aquí, *arrabōn*, signifique un anillo de bodas, la promesa de un futuro de felicidad. Y no es extraño entonces que Pablo una vez más finalice con un amor lleno de asombro: «para alabanza de su gloria».

La primera parte de la asombrosa oración de Pablo nos enseña la importancia fundamental de la alabanza. Démosle prioridad a la alabanza a Dios. Es una de las evidencias más claras de haber sido sellado con el Espíritu de Dios. Y es la única respuesta adecuada de las criaturas ante su Creador y de los pecadores rescatados ante su Salvador. ¡Gloria al Señor!

Santo Dios, una vez más me siento admirado de que tu Espíritu, prometido hace miles de años y hecho manifiesto en Pentecostés, viva en mí, me marque como de tu propiedad y me garantice el cielo. ¡Solo puedo alabarte, Señor! Amén.

La oración de Pablo

Día 52: La oración para que sus corazones sean iluminados

Por eso yo, por mi parte, desde que me enteré de la fe que tienen en el Señor Jesús y del amor que demuestran por todos los santos, no he dejado de dar gracias por ustedes al recordarlos en mis oraciones. Pido que el Dios de nuestro Señor Jesucristo, el Padre glorioso, les dé el Espíritu de sabiduría y de revelación, para que lo conozcan mejor. Pido también que les sean iluminados los ojos del corazón para que sepan a qué esperanza él los ha llamado.

Efesios 1:15-18

«Por eso», sabiendo que somos herederos de Dios, sabiendo de nuestra pertenencia, sabiendo que puso su amor en nosotros mucho antes de que acudiéramos a él, sabiendo que creemos, sabiendo que estamos destinados a su hogar celestial… ¡es hora de orar! «La fe que tienen en el Señor Jesús» y el «amor que demuestran por todos los santos» es una descripción aceptable de la vida cristiana auténtica. Por eso Pablo se dedicó a pedir por sus lectores, para que se conviertan en aquello que ya son en los propósitos de Dios. Es de destacar lo que él pide: no por cosas sino por personas; no por posesiones sino por carácter. El clamor de su corazón es: «Señor, hazlos comprender».

Pablo teme que hayan escondido un tesoro en el jardín, toneles de la mejor comida, pero no lo saben y sobreviven solo de cáscaras. Por eso él ruega por sabiduría, por percepción, por un profundo conocimiento (*epignōsis*) de Jesús, para que los ojos de su corazón sean iluminados. Notemos que no dice «los ojos de la mente». Es bien posible que tengamos la percepción teológica más inmaculada y sin embargo ser ciegos a las realidades de lo que el Señor nos ofrece. No es solo nuestra mente la que lo necesita sino también nuestro ciego corazón.

¿Qué es, entonces, lo que Pablo ansía que ellos comprendan? En primer lugar, *la esperanza del llamado de Dios*. El llamado está en el pasado y han respondido a él. No obstante lo que esperan está en el futuro, y no lo han alcanzado todavía. El llamado de Dios le da a las personas sin esperanza (Efesios 2:12) una seguridad confiada acerca de un futuro dominado por Dios mismo. La confianza en dicho futuro debería tener un profundo efecto modelador en nuestra vida. Pablo coincidiría con las palabras de Juan con relación a ese asunto:

> ¡Fíjense qué gran amor nos ha dado el Padre, que se nos llame hijos de Dios! ¡Y lo somos! El mundo no nos conoce, precisamente porque no lo conoció a él. Queridos hermanos, ahora somos hijos de Dios, pero todavía no se ha manifestado lo que habremos de ser. Sabemos, sin

embargo, que cuando Cristo venga seremos semejantes a él, porque lo veremos tal como él es. Todo el que tiene esta esperanza en Cristo, se purifica a sí mismo, así como él es puro.

1 Juan 3:1-3

Glorioso Padre, te agradezco por los nuevos cristianos que conozco, a quienes has hecho vivir por tu Espíritu. Por favor, dales sabiduría y conocimiento de tu persona, para que sientan confianza en el futuro que tienen en ti, en esta vida y en el cielo; cuando todos seamos hechos iguales a tu Hijo. Amén.

DÍA 53: LA ORACIÓN PARA QUE ELLOS INGRESEN EN SU HERENCIA

> Para que sepan … cuál es la riqueza de su gloriosa herencia entre los santos, y cuán incomparable es la grandeza de su poder a favor de los que creemos. Ese poder es la fuerza grandiosa y eficaz que Dios ejerció en Cristo cuando lo resucitó de entre los muertos.
>
> Efesios 1:18-20

Pablo anhela que sus lectores comprendan *la riqueza de la herencia divina*. La herencia que Dios nos da como cristianos es algo que solo comprendemos en forma gradual, del mismo modo que nuestros ojos se ajustan poco a poco a la brillante luz del sol luego de haber estado prisioneros en una cueva oscura durante años. Al ser iluminados por el Espíritu Santo (lo que primero recibimos de esa herencia), logramos ver cada vez más de la maravilla de lo que somos invitados a disfrutar: la herencia de Dios mismo, la que compartimos con su Hijo Jesucristo. No hay nada de ingenuidad ni de ilusión en todo esto. Pablo sabe muy bien que el sufrimiento es una parte ineludible de nuestra suerte, como lo fue también de la de Cristo. Sin embargo, no por eso deja de estar convencido de que la gloria nos espera al final del camino:

> Y si somos hijos, somos herederos; herederos de Dios y coherederos con Cristo, pues si ahora sufrimos con él,

> también tendremos parte con él en su gloria. De hecho, considero que en nada se comparan los sufrimientos actuales con la gloria que habrá de revelarse en nosotros.
>
> Romanos 8:17-18

¿De qué otra manera podría uno orar por los amigos en Cristo que pidiendo que crezcan en el reconocimiento de su herencia y puedan ingresar plenamente en todo lo que Dios tiene reservado para ellos?

Pablo ora para que ellos comprendan *la grandeza del poder de Dios*. El poder de Dios es la gran realidad presente que necesitamos captar, cumpliendo el llamado del pasado y continuando hacia la herencia futura. Una vez más, Pablo nos deja sin palabras con su oración. El deseo de su corazón es que sus lectores puedan conocer nada más y nada menos que el poder de la misma resurrección en su vida, un poder sobrenatural que está más allá de cualquier cosa que nosotros como seres humanos podríamos conseguir por nuestros propios medios. Es el poder de Dios mismo, el poder que levantó a Cristo de la tumba en aquella primera pascua de resurrección.

¡Qué hecho maravilloso a tener en cuenta en nuestra vida! ¡Qué hecho por el cual orar por nuestros amigos! Con mucha frecuencia andamos con la mirada puesta en el suelo y con escasas expectativas de ayuda proveniente de Dios para lograr cambiar hábitos y actitudes, o para sanar heridas internas en nuestra vida, cuando todo el tiempo el ilimitado poder de la resurrección espera ser liberado en nosotros si tan solo hiciéramos conexión por medio de la oración.

Poderoso Dios, te alabo por habernos traído a nosotros tus hijos a la tierra de tu heredad donde siempre brilla el sol. Que podamos alzar nuestros ojos para ver la gloria futura que compartiremos contigo y, por tu gracia, que reconozcamos más del poder de tu resurrección en nuestras vidas. Amén.

La contemplación de Pablo

DÍA 54: TIEMPO DEDICADO A SU AMADO

> Para que sepan ... [que] ese poder es la fuerza grandiosa y eficaz que Dios ejerció en Cristo cuando lo resucitó de entre los muertos y lo sentó a su derecha en las regiones celestiales, muy por encima de todo gobierno y autoridad, poder y dominio, y de cualquier otro nombre que se invoque, no sólo en este mundo sino también en el venidero.
>
> Efesios 1:18-21

Mientras Pablo permanece en la cárcel, todos los pensamientos de aquellos por los que estuvo orando se desvanecen. Él está cautivo con Cristo en Dios. Solo tiene ojos para Jesús, aquel a quien Dios resucitó para confirmar sus declaraciones y logros; Jesús, a quien Dios el Padre le ha conferido el más alto honor en el universo. Pablo está por completo concentrado en su Amado, y esa es la naturaleza de la verdadera contemplación.

Él ve a Jesús como el *Rey coronado* y se inclina maravillado ante sus pies. La exaltación del rey de Israel como el ungido de Dios en la visión del Salmo 110:1 se hace completa en la exaltación de Jesús una vez que su obra en la tierra está terminada: «Así dijo el Señor a mi Señor: "Siéntate a mi derecha hasta que ponga a tus enemigos por estrado de tus pies"».

Pablo ve también a Jesús como el supremo vencedor: «muy por encima de todo gobierno». Aquí hace alusión a la postura de los gnósticos que creían en una especie de escala de poderes intermedios entre el mundo material y Dios. Él asevera, con sublime confianza debido a la cruz y a la resurrección, que Jesús es vencedor sobre todos ellos. Su nombre es sobre todo nombre, y al final todos deberán inclinarse ante él y reconocer que Jesús es el Señor, para gloria de Dios el Padre (véase Filipenses 2:9-11). Pablo no necesita nada para inclinarse y confesar el señorío de Cristo en ese mismo momento.

Victorioso Señor, recibe el honor y la alabanza de todos los pueblos, de todas partes, para el cumplimiento de tu obra salvadora. Me inclino ante ti, Rey ungido de Dios, soberano sobre todos los poderes del mundo. Amén.

Día 55: Atraído a los pies de Cristo con respeto reverencial

Dios sometió todas las cosas al dominio de Cristo, y lo dio como cabeza de todo a la iglesia. Ésta, que es su cuerpo, es la plenitud de aquel que lo llena todo por completo.

Efesios 1:22-23

Pablo ve a Jesús como el *hombre perfecto* y su mente vuela hacia el Salmo 8:

Cuando contemplo tus cielos, obra de tus dedos,
la luna y las estrellas que allí fijaste,
me pregunto: «¿Qué es el hombre, para que en él pienses?
¿Qué es el ser humano, para que lo tomes en cuenta?»
Pues lo hiciste poco menos que un dios,
y lo coronaste de gloria y de honra:
lo entronizaste sobre la obra de tus manos,
todo lo sometiste a su dominio.

Salmo 8:3-6

Eso es lo que se espera que sea el hombre: la gloriosa corona de la creación de Dios, que viva en completa dependencia de Dios y en obediencia a él. Sin embargo, el hombre no estuvo a la altura de este supremo llamamiento y cayó en la rebelión pecaminosa. ¡No fue así con Jesús! Él encarna tanto la perfecta obediencia a Dios como la perfecta soberanía en el mundo sobre el que la humanidad recibió todo dominio. Pablo ansía ser transformado a imagen y semejanza de este Hombre Perfecto.

Por último, Pablo ve a Jesús como *cabeza de la iglesia*. La iglesia es «su cuerpo». Jesús es «la cabeza», la fuente de vida, el órgano de soberanía, el que dirige a todo el cuerpo. La iglesia está ligada de manera indisoluble con esta cabeza exaltada. Ha sido llamada a la obediencia incondicional a cada uno de sus deseos. Se espera que sea la expresión de su presencia invisible y la receptora de la plenitud que él desea derramar sobre cada uno de los miembros del cuerpo. Y en un último acto de audacia, Pablo ve a la iglesia como algo que brinda plenitud a Cristo mismo, según la correcta interpretación del griego. La cabeza está incompleta sin el cuerpo. Existe una profunda interdependencia entre la iglesia y su Señor.

Este es el Jesús que llena la vista de Pablo mientras ora por la iglesia de Dios en todo el mundo. Él es el Alfa y la Omega de todo lo que existe, y la oración nos atrae a sus pies con respeto reverencial y admiración al contemplar su gloria.

Soberano Señor, te doy gracias por haber enviado a Jesús como el hombre perfecto, a quien un día imitaremos según lo que tú deseas en la administración de los nuevos cielos y la nueva tierra. Te ruego que nosotros como tu iglesia, el cuerpo de Cristo, podamos depender de él cada día y darle siempre todo el honor, para la gloria tuya. Amén.

Sexta parte

Meditación y adoración

La meditación de Pablo

Día 56: Maravillado ante el misterio del evangelio

Ese misterio ... ahora se les ha revelado ... que los gentiles son, junto con Israel, beneficiarios de la misma herencia, miembros de un mismo cuerpo y participantes igualmente de la promesa en Cristo Jesús mediante el evangelio. De este evangelio llegué a ser servidor como regalo que Dios, por su gracia, me dio conforme a su poder eficaz.

Efesios 3:5-7

La oración de Efesios 1 surge de la alabanza. La oración de Efesios 3 surge de la meditación. Pablo comienza diciendo en el versículo 1 de este capítulo: «Por esta razón yo, Pablo, prisionero de Cristo Jesús por el bien de ustedes los gentiles...» y luego se sumerge en la reflexión acerca de las maravillas del evangelio. Los doce versículos que siguen son una meditación sobre este tema y luego retoma donde había quedado: «Por esta razón me arrodillo delante del Padre...».

No hay nada de malo con tener distracciones cuando oramos. No debemos alentarlas, por eso Jesús nos aconsejó entrar a nuestro cuarto y cerrar la puerta para orar. Sin embargo, las distracciones vendrán con la puerta abierta o cerrada. La mejor manera de manejarlas no es luchar contra ellas sino seguirlas, convirtiéndolas en meditación ante Dios o en una posible intercesión. Eso es lo que Pablo hace aquí. Su digresión acerca de los gentiles es extremadamente fructífera; y lo mismo puede decirse (a veces) de nuestros pensamientos errantes mientras oramos. Después de todo, puede que el Señor desee que recorramos ese camino secundario.

Cuando Pablo menciona la palabra «gentiles», se detiene en seco y comienza a maravillarse por la manera en que se desarrolló su vida. Había formado parte de la clase más estricta de los judíos, que ni siquiera escupía a un gentil, no fuera cuestión que se profanara su escupida. No obstante, aun siendo «el más insignificante de todos los santos», Dios lo alcanzó con el evangelio que tanto luchó por reprimir. La vergüenza de la situación caló muy hondo en su alma... tanto esos años de odio en su corazón contra Jesús como sus violentas incursiones para asesinar a los nuevos cristianos. En los años subsiguientes él, Pablo, fue un instrumento primordial usado por Dios para alcanzar a esos mismos gentiles que una vez había despreciado con el evangelio que en cierto momento intentó destruir.

De manera que él mismo se maravilla del evangelio, el misterio de Cristo. Las generaciones previas no conocieron este misterio aunque algunos profetas lo vislumbraron. Ahora, lo que una vez estuvo oculto aparece bañado en la luz gloriosa: los gentiles, los de afuera, serían también héroes junto al pueblo escogido de Dios, los judíos, y compañeros en las mismas promesas que fueron hechas siglos antes a Abraham y a sus descendientes. Pablo se maravilla ante el nacimiento de una nueva generación, en la que palabras tan divisorias como «judíos» y «gentiles» dejaron de tener sentido. El nuevo día ha llegado. ¡Ha nacido la iglesia!

Jesucristo, guía mis pensamientos al meditar en ti en la quietud de mis oraciones. Tú eres el mismo Señor poderoso que transformó la vida de Pablo y que hizo extensivas a las naciones tus promesas a Israel. Te ruego que todos los que creen en ti puedan heredar estas promesas eternas por tu gracia. Amén.

DÍA 57: MARAVILLADO POR LA PATERNIDAD PERFECTA DE DIOS

> Por esta razón me arrodillo delante del Padre, de quien recibe nombre toda familia en el cielo y en la tierra.
>
> Efesios 3:14

Esta oración está impregnada de una sensación de asombro por pertenecer a la familia de Dios. El Señor había alcanzado a los gentiles distanciados como los efesios y a judíos orgullosos como Pablo y los había reunido en la misma familia divina. Ahora el apóstol ora al «Padre». En su época precristiana jamás se habría referido de esa manera al Único, Supremo y Santo que habita la eternidad. Sin embargo, Jesús le había dado a sus seguidores el increíble privilegio de dirigirse a Dios de la misma manera en que él lo hacía, diciéndole: «*Abba*, querido Papá». Esa palabra nos conduce al mismo corazón de Dios, nuestro amante Padre.

Pablo reflexiona más en el Padre a quien va a orar y de quien todo grupo con un cabeza de familia deriva. Un comentarista lo expresa de manera bella: «El nombre de Padre no surge de nosotros hacia Dios sino que nos viene de arriba». Esto presenta un contraste absoluto con las ideas de Freud, cuya labor lo persuadió de que Dios era una proyección hacia el vacío del cielo de la imagen de nuestros propios padres. ¡No son muchos los que querrían a su «viejito» como Dios! En realidad, sucede algo muy diferente. Nuestras relaciones humanas familiares, arruinadas y estropeadas por el pecado y la discordia, son pálidos reflejos de ese Padre perfecto de los cielos que es la fuente principal de todo el amor en todas las familias.

Podemos orar con confianza a un Dios semejante. De igual manera pudieron hacerlo los grupos de cristianos esparcidos por toda Asia Menor, a veces débiles, en ocasiones perseguidos, con frecuencia desanimados, a quienes Pablo exhorta a no desalentarse sino a hacer uso de su acceso al Padre.

Amado Dios y Padre, te agradezco por el privilegio de ser un hijo de tu familia divina, nacido de tu sacrificio de amor y con la libertad para acercarme y hablar contigo por medio de la oración. Que siempre pueda descansar en la seguridad de tu paternidad perfecta. Amén.

La petición de Pablo

Día 58: La recepción de los dones abrumadores de Dios

> Le pido que, por medio del Espíritu y con el poder que procede de sus gloriosas riquezas, los fortalezca a ustedes en lo íntimo de su ser, para que por fe Cristo habite en sus corazones.
>
> Efesios 3:16-17

Pablo ahora se pone a orar con gran preocupación por los gentiles en quienes había estado pensando. Esa urgencia en la oración surge de su tiempo de meditación. Al ver la maravilla de lo que Dios se deleitó en hacer en ellos, está profundamente preocupado porque no dejen de ser la sal y la luz en el mundo, que es lo que Dios espera de ellos.

De manera que ora por fortaleza por medio del Espíritu. Él desea que ellos sean fortalecidos en extremo, según las gloriosas riquezas de Dios. El regalo es abrumador, como el amor y las riquezas del Dador.

También ora para que Cristo habite en sus corazones por medio de la fe. Muchas personas dentro de la iglesia creen que el cristianismo es algo que nosotros hacemos para Dios, en vez de permitir que él venga y nos ministre a nosotros. En vez de hacer el bien y observar prácticas religiosas, se comienza por recibir a un Salvador lleno de gracia que habita en nosotros, y por hacerle lugar al Señor y Maestro en nuestro corazón.

Pablo lo sabía muy bien, y oró para que sus lectores pusieran en verdad su confianza en Jesús, pidiéndole que viniera y morara en su vida. Eso es precisamente lo que significa la traducción «habitar» de la palabra griega del original. Significa que Cristo estará «en casa», no como un huésped pasajero, sino de una manera que implica que no hay sitio del corazón al que él no acceda. ¡Esa clase de cristianos serán de utilidad en el mundo!

Amado Señor y Maestro, por favor, habita en mi corazón y en el corazón de los cristianos de todas partes. Ven y minístranos. Danos una fortaleza abrumadora, acorde a tus riquezas en gloria, para que vivamos para alabarte y glorificarte. Amén.

DÍA 59: LLENO DEL AMOR ILIMITADO DE CRISTO

> Para que por fe Cristo habite en sus corazones. Y pido que, arraigados y cimentados en amor, puedan comprender, junto con todos los santos, cuán ancho y largo, alto y profundo es el amor de Cristo; en fin, que conozcan ese amor que sobrepasa nuestro conocimiento, para que sean llenos de la plenitud de Dios.
>
> Efesios 3:17-19

Uno no puede tener a Cristo en el corazón si no tiene amor. Así como Pablo deseaba que Jesús habitara en la vida de los efesios, también deseaba que el amor de Jesús fluyera en ellos y a través de ellos. De amor a amor: esa es la progresión de la vida cristiana. Se espera que estemos arraigados y creciendo en él. No hay nada mejor que podamos orar por alguien que pedir que pueda crecer en el amor de Dios. El amor es el idioma del cielo; es la misma naturaleza de la Trinidad.

Porque el Dios al que adoramos es una unidad dentro de la pluralidad es que la experiencia del amor cristiano es del mismo tipo. No es al cultivar nuestra alma en soledad sino «con todos los santos» que comenzamos a captar el amor de Dios que desafía toda lengua. Vemos este amor en algunas personas; lo sentimos al estar en su presencia... y Dios desea que sus hijos irradien el calor y la luz del amor. Sin embargo, no podemos darlo hasta que no lo tenemos, y el apóstol ora para que sus lectores puedan tener la fortaleza de hacer justo eso, y de comprender las verdaderas dimensiones del amor de Jesús que los amó tanto como para darles vida.

La *longitud* que el amor de Dios está dispuesto a alcanzar es ilimitada: «puede salvar por completo a los que por medio de él se acercan a Dios, ya que vive siempre para interceder por ellos» (Hebreos 7:25). La *anchura* del amor de Dios queda demostrada por Cristo siendo «el sacrificio por el perdón de nuestros pecados, y no sólo por los nuestros sino por los de todo el mundo» (1 Juan 2:2). ¿Y qué en cuanto a la *profundidad* del amor de Cristo? «Ya conocen la gracia de nuestro Señor Jesucristo, que aunque era rico, por causa de ustedes se hizo pobre, para que mediante su pobreza ustedes llegaran a ser ricos» (2 Corintios 8:9). ¿Y a la *altura*? Pues bien, «por su gran amor por nosotros, nos dio vida con Cristo, aun cuando estábamos muertos en pecados … Y en unión con Cristo Jesús, Dios nos resucitó y nos hizo sentar con él en las regiones celestiales» (Efesios 2:4-6).

Tal es la generosidad de nuestro Señor Jesucristo. Que permitamos al que habita en nosotros permanecer en nuestra vida para que su amor penetre en cada rincón, para que seamos «llenos de la plenitud de Dios» (v. 19). ¿Y qué será eso si no es amor?

Padre celestial, me siento abrumado por tu amor infinito y salvador que nos ha levantado en Cristo. Te ruego que aquellos a quienes conozco y amo puedan también estar arraigados en tu amor, que juntos podamos irradiar tu luz y tu calor, siendo llenos hasta la medida de tu plenitud. Amén.

La Adoración de Pablo

Día 60: LA ALABANZA QUE RESUENA A TRAVÉS DEL TIEMPO Y LA ETERNIDAD

> Al que puede hacer muchísimo más que todo lo que podamos imaginarnos o pedir, por el poder que obra eficazmente en nosotros, ¡a él sea la gloria en la iglesia y en Cristo Jesús por todas las generaciones, por los siglos de los siglos! Amén.
>
> Efesios 3:20-21

Pablo finaliza esta oración maravillosa con un compromiso de adoración al Señor a quien le ora. Nadie había jamás elaborado una oración más osada que la que acaba de orar Pablo: que sus lectores fueran llenos de la plenitud de Dios. Y sin embargo, este apóstol, que tiene el poder perdurable de sorprendernos, lo vuelve a hacer. Invoca de manera triunfante un poder que puede hacer mucho más de lo que él pide.

Observe la *promesa que reclama*: Dios es capaz de hacer mucho más y en forma abundante de lo que podemos pedir o pensar. No existe límite para su poder. Se eleva por encima de todo lo que podemos pedir e incluso imaginar. Y aquí se halla este guerrero de oración en una mugrosa celda, completamente convencido de que nada —nada en lo absoluto— es demasiado difícil para su Dios. Esta es la clase de fe a la que el Dios vivo se deleita en responder. No solo reclama sino que exhibe «el poder que obra eficazmente en nosotros».

Ahora note los *sucesos posteriores que imagina*. La culminación de su oración y meditación es sencilla: la gloria debe ser atribuida al Dios y Padre de nuestro Señor Jesucristo para siempre. Gloria a él en la iglesia. Gloria a él en el Salvador. Este es el objetivo de la visión de Pablo. Dios es el todo en todo, y su alabanza resuena a través del tiempo y la eternidad. En el límite máximo de nuestra imaginación vemos a Jesús y a su pueblo que rinden ante el Padre en el cielo esa misma gloria y alabanza incesantes que él se merece.

¡Qué hombre de oración hallamos en Saulo de Tarso! No obstante, él no estaría interesado en nuestra admiración. Nos diría en forma lacónica, como lo hizo con los tesalonicenses: ¡«Oren sin cesar»!

Poderoso y eterno Señor, sigo el ejemplo de Pablo al alabarte por tu ilimitado poder que obra en la vida de tu pueblo. Te ruego que pueda seguir caminando cerca de ti y que tu iglesia te dé la gloria por siempre, por medio de Jesucristo. Amén.

DISFRUTE DE OTRAS PUBLICACIONES DE EDITORIAL VIDA

Desde 1946, Editorial Vida es fiel amiga del pueblo hispano a través de la mejor literatura evangélica. Editorial Vida publica libros prácticos y de sólidas doctrinas que enriquecen el caudal de conocimiento de sus lectores.

Nuestras Biblias de Estudio poseen características que ayudan al lector a crecer en el conocimiento de las Sagradas Escrituras y a comprenderlas mejor. Vida Nueva es el más completo y actualizado plan de estudio de Escuela Dominical y el mejor recurso educativo en español. Además, nuestra serie de grabaciones de alabanzas y adoración, Vida Music renueva su espíritu y llena su alma de gratitud a Dios.

En las siguientes páginas se describen otras excelentes publicaciones producidas especialmente para usted. Adquiera productos de Editorial Vida en su librería cristiana más cercana.

Una vida con propósito

Rick Warren, reconocido autor de *Una Iglesia con Propósito*, plantea ahora un nuevo reto al creyente que quiere alcanzar una vida victoriosa. La obra enfoca la edificación del individuo como parte integral del proceso formador del cuerpo de Cristo. Cada ser humano tiene algo que le inspira, motiva o impulsa a actuar a través de su existencia. Y eso es lo que usted podrá descubrir cuando lea las páginas de *Una vida con propósito*.

0-8297-3786-3

Nos agradaría recibir noticias suyas.
Por favor, envíe sus comentarios sobre este libro
a la dirección que aparece a continuación.
Muchas gracias.

Editorial Vida
7500 NW 25 Street, Suite 239
Miami, Florida 33122

Vida@zondervan.com
http://www.editorialvida.com